Historische Estnische Kirchenorgeln

Eesti orelid

Historical Organs in Estonia

Eres Edition 2408

INHALTSVERZEICHNIS

SISUKORD

CONTENTS

Fotos: Tiit Koha, Heiki Sirkel (Tallinn)
Texte: Andreas Uibo, Jüri Kuuskemaa (Tallinn)
Gestaltung: Henry Lange, Bremen
Lithos: ATL Reprotechnik GmbH, Bremen
Druck: Atelier Druck, Achim

P.O. Box 1220
D-28859 Lilienthal / Bremen
ISBN 3-87204-408-7

Einleitung

Es existierten nachweislich schon in der Ordenszeit (14. – 15. Jahrhundert) wertvolle Orgeln in den größeren Hansestädten Livlands, doch hatten diese Instrumente aufgrund ihrer isolierten Stellung in der katholischen Liturgie eine untergeordnete Funktion.

Die ersten Informationen über Orgeln und Organisten in Estland stammen aus den Jahren 1329 und 1341. Aus der Chronik ("Liv,-Estn. und Kurländische Urkundenbuch, 2. Band, 1301 – 1361; Reval 1855) geht hervor, daß die heidnischen Litauer während eines Plünderzuges Orgeln in den Kirchen zu "Paistu" und "Helme" zerstört und die Orgelpfeifen mitgenommen haben (1329). Einige Jahre später wird ein Organist erwähnt, der im Dienste einer Stadtkirche in Reval (Tallinn) stand (1341).

Diese zufälligen Erwähnungen bedeuten sicher nicht, daß Orgeln in den estnischen Gebieten des alten Nord-Livland erst im 14. Jahrhundert bekannt waren. Die Christianisierung des Landes durch Deutsche und Dänen fand schon ein Jahrhundert früher statt. Aus diesem Grunde dürften die ersten Orgeln oder zumindest kleine Positiv-Orgeln bei den getauften Esten ab dieser Zeit vorhanden gewesen sein.

Die Orgel wurde von Deutschen nach Estland und Livland gebracht, die hauptsächlich auf dem Seewege von Nordwest- und Norddeutschland – von Gebieten mit entwickelter Orgelkultur – nach Alt-Livland kamen. Die ausländischen Orgelbauer sowie deren Gesellen und Lehrjungen aus den verschiedensten Hansestädten kamen oft ins Land, um Bestellungen der örtlichen Bischöfe der Bistümer Estland, Dorpat, Ösel-Wiek oder auch der Städte auszuführen. So ist bekannt, daß im Jahre 1439 ein Orgelmeister in Reval (Tallinn) eintraf, um neue Orgeln für die Kirchen, welche nach dem großen Brande (1433) schon wiederhergestellt waren, zu bauen. Vermutlich war dies Albrecht Orgelmaker, dessen Orgel in der Nikolaikirche (auf estnisch "Niguliste") im Jahre 1489 von Hermann Stüwe aus Wismar mit sechs Gehilfen völlig umgebaut wurde, so daß aus der ursprünglichen Orgel nur die alten Pfeifen übrig blieben. Die Nikolaikirche, die zur reichsten und größten Kirche der einflußreichen Hansestadt Reval (Tallinn) gehörte, hatte am Ende des 15. Jahrhunderts sogar drei Orgeln: eine an der Westwand, eine zweite im Chor und die dritte in der Antoniuskapelle.

Dank der günstigen geographischen Lage an den internationalen Seewegen wurde Alt-Livland durch den Transithandel reich. Vier Städte des estnischen Gebietes Alt-Livlands – Reval (Tallinn), Pernau (Pärnu), Dorpat (Tartu) und Fellin (Viljandi) wurden Mitglieder der Hanse und hatten die Möglichkeit, beträchtliche Summen für die Orgelbaukunst auszugeben.

Bald reichte die Hilfe der ausländischen Orgelbauer nicht mehr aus und mindestens einige ansässige Meister wurden schon im Mittelalter ausgebildet. Der erste, der erwähnt wird, ist der Dominikanerpater Peter Schmidt, mit Beinamen "Orgelmaker", der zwischen 1502 – 1524 bei den Revaler "Schwarzen Mönchen" (Dominikaner) war.

Die Reformation erreichte auch Alt-Livland und in der reformierten Kirche gewinnt Musik, insbesondere die Orgel- und Vokalmusik, eine neue Bedeutung. Hauptsächlich ist dies der Gemeindegesang mit Orgelbegleitung, und der Gottesdienst wird nun in der Muttersprache abgehalten. Die "Verweltlichung" der Kirche führte dazu, daß nicht nur während des Gottesdienstes musiziert wird, sondern auch Konzerte gegeben werden. Dabei waren neben den Organisten auch Stadtmusikanten, Kirchenchöre und Vokalsolisten tätig. Neue Orgelprospekte wurden neben Heiligenfiguren auch mit weltlichen Allegorien geschmückt. Zum Beispiel bekam die Orgel im Chorraum der Revaler Nikolaikirche eine Empore, die mit sieben holzgeschnitzten weiblichen Figuren dekoriert war (1639). In der Mitte stand "Frau Musica", auf beiden Seiten je drei weitere "Schöne", alle zum "artes liberales" (sieben freie Künste) gehörend.

Dank der engen Verbindung zu Norddeutschland und Schweden trifft man im 16. und 17. Jahrhundert in Reval, Dorpat, Narva und Pernau von dort eingewanderte Orgelbaumeister. So hat Bartold Fehoff 1585 für die Johanniskirche in Dorpat ein Positiv und 1588 für die Olaikirche in Reval eine Orgel mit 38 Registern gebaut. Da die protestantische Kirche in der Zeit der schwedischen Herrschaft in den baltischen Provinzen genau nach dem deutschen Vorbild gestaltet wurde, waren auch die Anforderungen, die an die Kirchenmusik und an die Organisten gestellt wurden, im allgemeinen gleich. Ein Organist mußte sein Musikinstrument selbst handhaben können, den Gemeindegesang begleiten und mit schönen Kompositionen seinem Volke dienen.

Die Spielkunst wurde oftmals im Ausland gelernt. So ließ der Organist der Revaler Heiliggeistkirche, Batholomäus Busbetzky (+ 1701), seine Söhne Ludwig (+ 1699) und Christian bei Buxtehude in Lübeck ausbilden. Zurückgekehrt tritt Ludwig die Organistenstelle in der "Deutschen Kirche" in Narva an (1687). Christian, der zweite Sohn, wird Organist an der "Nikolaikirche" in Reval. Ein weiterer Beleg für die hohe Orgelkultur, der aus Arensburg (Kuresaare) stammende Orgelspieler Johann Jakob Nordtmann wurde auch in Lübeck ausgebildet. Ihm wurde anschließend die Stelle als Domorganist in Lübeck angeboten und er nahm diesen Posten auch an.

Während der Nordischen Kriege (1700 – 1721) wurden die (derzeit schwedischen) baltischen Provinzen von Russen erobert und deren Besitztümer geplündert, so auch viele Kirchen. Von den prächtigen Altären, Kanzeln und Orgeln blieb wenig erhalten. Besonders "notwendig" erschien es den Plünderern, metallene Gegenstände zu "konfiszieren"; silbernes Abendmahlgeschirr, bronzene Kirchenglocken, Leuchter und zinnerne Orgelpfeifen. Daher ist es kein Wunder, daß in ganz Estland nur eine einzige Orgel aus der Zeit vor der russischen Eroberung erhalten geblieben ist: die Orgel der kleinen Kirche zu Mänspä auf der Insel Hiiumaa (Dagö), etwa zwischen 1700 und 1710 von einem unbekannten Orgelbauer angefertigt.

Nach dem Nordischen Kriege blieben viele Orgeln in Estland wegen der allgemeinen Armut lange ungepflegt, sie gerieten deswegen in einen schlechten Zustand. Erst ab Ende des 18. Jahrhunderts gab es nach Besserung der wirtschaftlichen Lage die Möglichkeit, Kirchen und Orgeln zu modernisieren. Als älteste Orgel aus der Zeit nach dem Nordischen Kriege ist die in der Kirche Kihelkonna (auf der Insel Saaremaa/Ösel) erhalten geblieben. Sie hat einen Prospekt in spätem Rokoko – das Werk selbst stammt aus dem Jahre 1805.

In Estland gibt es besonders viele Orgeln aus dem 19. und den Anfang des 20. Jahrhunderts. Sie wurden hauptsächlich von den Orgelbauern Tanton, Müllverstedt, Kessler und vielen anderen gebaut. Diese waren

Ausländer, von denen viele nach dem Aufenthalt dort verblieben. Auch Orgeln von ausländischen Firmen wurden gern von estnischen Kirchengemeinden bestellt. Besonders beliebt waren Orgeln der Firmen "Walcker" (Ludwigsburg), "Sauer" (Frankfurt/Oder), "Ladegast" (Weißenfels) und "Knauff" (Coburg-Gotha).

Im vorigen Jahrhundert wurde die Orgelbaukunst in breitesten Volksschichten Estlands und Livlands populär. Viele estnische Handwerker und Bauern beschäftigten sich damit. Diese Entwicklung führte dazu, daß gegen Ende des vorigen Jahrhunderts fast jede größere Familie ihr eigenes Positiv hatte. In Schulen und Bethäusern gab es gleichfalls ein Positiv oder eine Orgel.

Die Blütezeit des Orgelbaues in Estland fällt in den Anfang des 20. Jahrhunderts und erreicht seinen Höhepunkt in den 30er Jahren. In die Entwicklung dieser Reihe gehört eine Orgel mit 73 Registern von der Firma "Sauer" im Tallinner Dom (1913). Diese hat heute den Ruf, da sie sich im Originalzustand befindet, das beste Instrument der Welt für den Vortrag der Werke Max Regers zu sein. In ihrem ursprünglichen Zustand ist heute auch noch die prächtige Orgel der "Karlskirche" (Kaarli) in Tallinn erhalten. Sie hat 84 Register und wurde 1923 von der Firma "Walcker" gebaut.

Um die Jahrhundertwende sind in Estland zwei eigene "Orgelbauerdynastien" entstanden. Zuerst Vater und Sohn Terkmann. Besonders große Anerkennung wird dem Sohn August Terkmann zuteil. Aus seiner Werksatt stammen viele große Orgeln, darunter einige in Rußland (St. Petersburg, Simbirsk und Astrachan). Als zweite Familie wären die Brüder Kriisa (Tannil, Juhan und Jakob) aus Haanja in Süd-Estland zu erwähnen. Sie bauten ebenfalls viele schöne romantische Orgeln, von denen noch heute viele in gutem Zustand sind. Diese Orgeln haben pneumatische Traktur, wie es damals üblich war. Tannil Kriisa hatte drei Söhne, die alle Orgelbauer wurden. Einer von denen, Harry Kriisa, emigrierte nach Nordamerika und war dort als bedeutender Orgelbauer tätig. In der 3. Generation arbeitet Hardo Kriisa (geb. 1940) heute in seiner Werkstatt in Rakvere/Estland.

Mit der Okkupation durch die Sowjets 1940 hört die Geschichte des Orgelbaues in Estland für mehr als vier Jahrzehnte auf. Die Orgel wird als ein "ideologisch falsches" Musikinstrument verachtet.

Wenn man die in Estland hergestellten Orgeln und die bei Walcker, Sauer und Ladegast aus Deutschland bestellten Instrumente zusammenrechnet, erhält man die Gesamtzahl von über 200 Orgeln. Für ein verhältnismäßig kleines Land wie Estland mit 1,5 Millionen Einwohnern ist das relativ viel. So befindet sich in Estland ein geradezu einzigartiges Orgelmuseum, darunter einige richtige Raritäten.

Seit Anfang dieses Jahrhunderts gibt es in Estland viele hochbegabte Organisten-Komponisten mit Diplom des St. Petersburger Konservatoriums. Aus diesem Kreis stammen auch die Initiatoren und Organisatoren neuer Orgeln. Peeter Süda, Rudolf Tobias, Mart Saar, Artur Kapp und Mihkel Lüdig haben viele meisterhafte Konzerte gegeben in Estland wie auch im Ausland. Gespielt wurden eigene Werke westlicher Klassiker sowie immer begeisternde Improvisationen.

Auch die Komponisten der Gegenwart haben Orgelmusik geschrieben. Zu nennen wären hier in erster Linie Edgar Arro (1911 – 1978), Arvo Pärt (geb. 1935), Igor Garshnek (geb. 1958) und Erkki-Sven Tüür (geb. 1959).

Die besten Orgeln Estlands werden seit 1987 während des "Tallinner Internationalen Orgelfestivals" der internationalen Orgelelite für Konzerte zur Verfügung gestellt. Dieses Festival ermöglicht es, die historischen und zeitgenössischen Orgeln Estland mit allen ihren Klangmöglichkeiten zu demonstrieren. Das Festival findet alljährlich im August in Tallinn statt.

Eessõna

Vanimad kirjalikud teated orelitest ja organistidest Eestis pärinevad aastaist 1329 ja 1341. Nimelt olevat leedulased ühe röövretke ajal rüüstanud uhked orelid Paistu ja Helme kirikutes ning oreliviled kaasa viinud (1329). Tosin aastat hiljem mainitakse ühe Tallinna linnakiriku teenistuses olevat organisti (1341).

Need juhuslikud mainimised aga ei tähenda, et orelid oleksid Vana-Liivimaa eesti aladel alles XIV sajandil tuntuks saanud. Eestlaste ristiusustamine sakslaste ja taanlaste poolt toimus juba sajand varem. Võib arvata, et vastristitud eestlaste maale püstitatud kirikutes ei puudunud juba XIII sajandil orelid ehk vähemasti väikesed positiivid.

Põhja- ning Kirde-Saksa aladelt, kus oli eriti arenenud orelikultuur, jõudsid oreliehitus ja orelimuusika soodsate mereteede ja ümberasujate vahendusel ka Vana-Liivimaale. Eestimaa, Tartu, Saare-Lääne piiskoppide, samuti linnade tellimusi orelite ehitamiseks täitsid keskajal eelkõige Läänemere-äärsetest Hansa-linnadest kutsutud meistrid koos oma sellide ja õpipoistega. Nii on teada, et aastal 1439 saabus Tallinna üks välismaalasest orelimeister, valmistamaks oreleid 1433. aasta suures tulekahjus kannatada saanud kirikutele. Võimalik, et tookordne tulija oli Albrecht Orgelmaker, kelle tehtud orelit Niguliste kirikus viiekümne aasta pärast suurendati. Seda tööd kutsuti tegema Hermann Stüwe Wismarist koos kuue abilisega.

Tallinna Niguliste, rikka ja mõjuka Hansa-linna üks tähtsamaid kogudusekirikuid, võis endale lubada XV sajandi lõpul omaks pidada koguni kolme orelit: peaorel kesklöövi torniseinal, teine kooriruumis, kolmas Antoniuse kabelis.

Vana-Liivimaa soodne asend rahvusvahelistel mereteedel võimaldas rikastuda transiitkaubanduse vahendusel. Neli linna Vana-Liivimaa eesti alal – Tallinn, Pärnu, Tartu ja Viljandi – said Hansa Liidu liikmeteks ning võisid endale lubada ka märkimisväärseid kulutusi oreliehituse arendamiseks. Ainuüksi välismaiste oreliehitajate abist jäi väheseks. Vähemasti mõned kohalikud orelimeistrid said välja koolitatud juba keskajal. Esimene nimeliselt teadaolev mees selles reas on Peter Schmidt, lisanimega Orgelmaker, kes oli ajavahemikus 1502 – 1524 seotud Tallinna "mustade munkadega" (dominikaanlastega).

Reformatsioon jõudis ka eestlaste maale. Reformeeritud kirikus omandas muusika, eriti oreli – ja vokaalmuusika, uue tähenduse. Esikohale tõusis koguduse laul oreli saatel. Jumalateenistus sai emakeelseks. Kiriku ilmalikustumine viis selleni, et kirikutes hakkasid toimuma ka kontserdid. Sealjuures olid tegevad organistid ja linnamuusikud, kirikukoorid ning vokaalsolistid. Muutus orelite välisilme. Pühakupiltide kõrval ilmusid prospektidele ilmalikud allegooriad. Näiteks Tallinna Niguliste kooriruumi orel sai rõdu, mis oli kaunistatud seitsme puuskulptuuriga (1639). Neist keskmine oli "Musica", ülejäänud naisefiguurid sümboliseerisid "vabu kunste" (artes liberales).

Tänu tihedatele sidemetele Põhja-Saksa alade ja Rootsiga saabus 16. ja 17. sajandil Tallinna, Tartusse, Narva ja Pärnusse sealt sisserännanud meistreid. Nii ehitas Bartolt Fehoff 1585. aastal Tartu Jaani kirikule positiivi ja 1588. aastal Tallinna Oleviste kirikule oreli 38 registriga. Kuna kirikuelu korraldus Rootsile allunud Balti provintsides lähtus saksa eeskujudest, siis olid ka kirikumuusikale ja organistidele esitatud nõudmised analoogilised. Organist pidi ise oskama oma muusikariista korras hoida, tegema koostööd linnamuusikutega ja oma kogudust teenima kaunite heliteoste loomisega.

Orelimängijaks õpiti enamasti välismaal. Nii saatis Tallinna Pühavaimu kiriku organist Bartold Busbetzki oma kaks poega õppima Lüübekisse Buxtehude juurde. Pärast naasmist sai Ludwig organisti koha Saksa kirikus Narvas, Christian asus tööle Tallinna Niguliste kirikus. Kaks Tallinna suguvõsa, Busbetzki'd ja Polack'id, kujunesid 17. sajandi teisel poolel lausa organistide dünastiateks. Kõrge orelikultuuri taseme üheks tõendiks on tõik, et Kuressaarest pärinev Johann Jakob Nordtmann sai pärast õppimist Lüübekis sealselt magistraadilt ettepaneku asuda tööle Lüübeki Toomkiriku organistina. Nordtmann võttis pakkumise vastu.

Põhjasõja (1700 – 1721) ajal rüüstasid Vene väed Rootsi Balti provintse vallutamise käigus põhjalikult. Kannatada sai enamus kirikutest. Senistest uhketest altaritest, kantslitest ja orelitest jäid vähesed alles. Eriti "tarvilik" näis rüüstajaile metallesemete "konfiskeerimine". Sealhulgas olid hõbedased armulauariistad, pronkslühtrid ja kirikukellad, samuti inglistinast oreliviled. Seetõttu pole imeks panna, et Eestis on tänapäeval üksainuke Vene vallutusretkele eelnevast ajast pärinev orel: see asub Mänspä kirikus Hiiumaal ning on valmistatud tundmatuks jäänud meistri poolt ajavahemikus 1700 – 1710.

Paljud orelid jäid Põhjasõjale järgnenud üldise vaesumise tõttu hoolduseta ning lagunesid. Alles 18. sajandi lõpul võimaldas üldise heaolu tõus asuda ulatuslikumalt vanu kirikuid ja ka oreleid moderniseerima. Eesti vanim Põhja-sõja-järgsest ajast pärinev orel on Kihelkonna kirikus Saaremaal. Selle prospekt on hilisrokokoostiilis kaunistustega, orel ise pärineb aastast 1805.

Eestis on eriti palju oreleid 19. sajandist ja 20. sajandi algusest. Nende ehitajateks olid orelimeistrid Tanton, Müllverstedt, Ladegast, Knauff ja paljud teised. Sealhulgas oli sisserännanud välismaalasi, kes leidsid Eestis oma uue kodumaa. Välismaistest firmadest eelistasid eestimaised tellijad eriti sageli Ludwigsburgi "Walckerit".

Oreliehitus sai Eesti – ja Liivimaal 19. sajandil üldrahvalikult populaarseks. Paljud eesti käsitöölised ja talupojad ehitasid ise oreleid ja positiive. (Võrdluseks olgu mainitud, et 19. sajandi algusest on nimeliselt teada vaid üks eestlasest oreliehitaja). Areng viis selleni, et möödunud sajandi lõpul oli pea igal suuremal perekonnal oma positiivorel. Samuti olid positiivid palvemajades ja koolides.

Õitseng oreliehituses algas 20. sajandi hakul ning kulmineerus 1930. aastatel. Eesti parimate 20. sajandi orelite rea juhatab sisse Tallinna Toomkiriku orel firmalt "Sauer" (1913). Tänapäevaks on see omandanud rahvusvahelise maine kui parim orel maailmas Max Regeri teoste esitamiseks. Algses seisundis on ka Tallinna Kaarli kiriku esinduslik orel 84 registriga firmalt "Walcker" (1923).

Sajandivahetusel kerkisid Eestis esile kaks orelimeistrite dünastiat. Kõigepealt isa ja poeg Terkmannid. Eriti suur tunnustus sai osaks nooremale, August Terkmannile. Tema töökojast pärineb arvukalt suuri oreleid. August Terkmann valmistas oreleid ka Venemaale: Peterburgi, Simbirskisse, Astrahani.

Vennad Kriisad, pärit Võrumaalt, Haanjast, ehitasid palju väga ilusa romantilise kõlaga oreleid. Nende orelid on enamasti pneumaatilise traktuuriga ning tänu soliidsele ehitusele heas mängukorras tänini. Orelimeistrite dünastia teist põlvkonda esindav Harry Kriisa emigreerus sõja-ajal välismaale ning oli oreliehitajana Ameerikas tegev. (18 orelit). Kriisade kolmandat põlvkonda esindav Hardo Kriisa jätkab suguvõsa väärikat traditsiooni omades oreliehitus-restaureerimistöökoda Rakveres.

Seoses Nõukogude võimu kehtestamisega Eestis 1940. aastal vaibus orelite ehitamine enam kui neljaks aastakümneks. Orel kuulutati “ideoloogiliselt vääraks” muusikainstrumendiks.

Kui kokku lugeda kodumaal ehitatud ning Saksamaalt – Walckerilt, Ladegastilt, Sauerilt ja teistelt tellitud orelid, ületab Eestis asuvate orilite koguarv kahesaja. Ühe suhteliselt väikese, poolteise miljonilise elanikkonnaga maa kohta on seda tõesti palju. Nii on Eestimaa saanud lausa omapäraseks orelimuuseumiks, mille valduses on mõned kogu maailma jaoks uunikumiks olevad instrumendid.

20. sajandi algul näeme Eestis mitmeid väga andekaid orelikunstnikke-heliloojaid, enamasti Peterburgi konservatooriumi diplomiga. Sellest ringist pärines ka enamus uute orelite tellimise algatajaid ja korraldajaid. Peeter Süda, Mart Saar, Rudolf Tobias, Arthur Kapp ning Mihkel Lüdig andsid arvukalt kõrgetasemelisi kontserte nii Eestis kui välismail, esitades oma helitöid ning, lääne klassikat. Sageli vaimustasid nad kuulajaid improvisatisioonidega. Tänapäeva eesti heliloojatest, kes on loonud orelile, nimetagem eelkõige Edgar Arrot, Arvo Pärti, Erkki-Sven Tüüri ja Igor Garshneki.

Eesti parimad orelid on alates 1987. aastast korraldatava Tallinna Rahvusvahelise Orelifestivali ajal maailma orelikunstnike eliidi käsutuses. Meie orelid on saanud paljude ülivõrdes kiitvate hinnangute osalisteks. Hinnakem siis seda!

Organs and organists in Estonia

The oldest written information regarding organs and organists in Estonia date from 1329 and 1341 respectively. Lithuanians had apparently pillaged some splendid organs from Paistu and Helme churches and had taken the organ pipes with them in 1329 and in 1341 an organist working for a church in Tallinn is mentioned.

These chance references do not mean that organs only became known on the Estonian territory of Old-Livonia in the 14th century, but the Germans and the Danes introduced Christianity in Estonia a century earlier and it can be assumed that there were already organs in churches built on the territory of the newly Christian Estonians in the 12th century or at least small portable ones.

Organ building and organ music came to Old-Livonia via advantageous sea routes and via settlers from the areas of Northern and North-Eastern Germany where organ culture was very advanced. Orders for organs from bishops from Estonia, Tartu, Saare-Lääne as well as from cities, were carried out initially by masters and their journeymen and apprentices from Hansa towns along the Baltic Sea. It is known that a foreign organ master arrived in Tallinn in 1439 in order to repair church organs damaged in the fire of 1433. It is possible that this man was Albrecht Orgelmaker, who had made the organ for Church which was enlarged fifty years later. The renovations were done by Hermann Stüwe and six assistants from Wismar.

Church was one of the most important congregation churches in the rich and powerful Hansa town and therefore boasted a total of three organs by the end of the 15th century. One was situated on the tower wall of the central nave, the second in the choir room and the third in Antonius' chapel.

The advantageous position of Old-Livonia along international waterways enabled enrichment by way of trade. Four Old-Livonian towns situated on the territory of Estonia – Tallinn, Pärnu, Tartu and Viljandi – became members of the Hansa League and were permitted to allow themselves noteworthy expenses in the field of organ development. But there were not enough foreign organ masters. At least some local organ masters were taught during the Middle Ages. The first known of these was Peter Schmidt, with an additional name of Orgelmaker, who was associated in 1524 with Tallinn's "Blake Monks" or Dominicans.

The reformation also reached the territory of the Estonians. Music, especially organ and vocal music, was given new meaning in the reformed churches. Songs accompanied by organ music became fundamental. Church services became conducted in the mother tongueand the secularization of church services as far as having concerts was held in churches. Participants included city musicians, church choirs and vocal soloists as well as organists. Secular allegories replaced pictures of saints. A balcony decorated with seven wooden sculptures was built in the choir room of the Niguliste Church in Tallinn in 1639. The middle sculpture was "Musica" and the remainder of the female figures symbolized artes liberales.

Thanks to close ties with the territories of Northern-Germany and Sweden, masters settled in Tallinn, Tartu, Narva and Pärnu in the 16th and 17th centuries. One of these masters, Bartolt Fehoff, built a portable organ for Tartu's St. John's Church in 1585 and an organ with 38 registers for Tallinn's St. Olai's Church. Church arrangements in Baltic provinces under the jurisdiction of Sweden were subjected to the German example and demands for church music and organists were similar. The organist was required to maintain his own instrument, to cooperate with city musicians and to serve the congregation with new and original works.

One usually learned to become an organist abroad. Therefore the organist at Tallinn's Holy Ghost Church, Bartold Busbetzki, sent his two sons to study under Buxtehude in Lübeck. After their studies Ludwig became the organist at the German Church in Narva and Christian started work at Church in Tallinn. Two Tallinn families, the Busbetzkis and the Polacks, became a mini dynasty of organists in the second half of the 17th century. The high quality of organ teaching can be demonstrated with the fact that Johann Jakob Nordtmann from Kuressaare was offered the position of an organist at Toom Church in Lübeck by the city's magistrate after his studies in that city. Nordtmann accepted the offer.

The Baltic provinces of Sweden were totally ravaged by Russian forces bent on conquering during the Great Northern War of 1700 – 1721. Most churches suffered immense losses. Few of the magnificent altars, chapels and organs remained. Especially "useful" to the ravagers was the "confiscation" of metal items. Included in these were silver Holy Communion instruments, bronze candlesticks and church bells and organ pipes made of English tin. It is not surprising that only one organ remains from times prior to the conquering raids of Russia. This organ can be found in the Mänspä Church in Hiiumaa and was built by an unknown master between 1700 and 1710.

Many organs were uncared for and disintegrated due to the general poverty after the Great Northern War. Only at the end of the 18th century did the opportunity arise to start modernizing old churches and organs. The oldest post Great Northern War organ in Estonia is at the Kihelkonna Church in Saaremaa. The organ was built in 1805 and is decorated in latter rococo style.

There are very many organs in Estonia dating from the 19th and early 20th century. The builders of these organs were the organ masters Tanton, Müllerverstedt, Ladegast, Knauf and many others. Amongst these others were foreign settlers who found a new home in Estonia. Many of those who ordered organs placed their order with the foreign firm of "Walcker" of Ludwigsburg.

The building of organs became very popular in Estonia and Livonia in the 19th century. Many Estonian craftmen and farmers built their own organs and portable organs. As comparison the name of only one Estonian builder of organs is known from the beginning of the 19th century. Development proceeded so quickly that by the end of the last century every larger family had their own portable organ. There were also portable organs in schools and houses of prayer.

The prosperity in organ building started at the beginning of the 20th century and culminated in the 1930's. The first of the finest of the 20th century organs is the organ of Tallinn's Dome Church which was built by the firm "Sauer" in 1913. Currently this organ is the world's best example for Max Reger's music. The organ at Carl's Church in Tallinn, built in 1923 by the firm "Walcker" and with 84 registers, is also in its original state.

At the turn of the century two well known families of organ masters became famous. Firstly the Terkmanns, father and son, of whom the son, August Terkmann received great appreciation. Many large organs were built in his workshop and numerous organs were sent to St. Petersburg, Simbirsk and Astrahan in Russia.

The Kriisa brothers from Võrumaa in southern Estonia built many organs with very beautiful romantic sound. These organs were primarily with pneumatic trackers and thanks to its solidness, the organ is still in good working condition even today. The second generation of these prominent organ masters is represented by Harry Kriisa who immigrated to the United States after World War II and worked as an organ master there and built 18 organs. Hardo Kriisa of the third generation continues in the dignified family tradition and owns an organ building and restoring workshop in Rakvere.

The building of organs faded for almost forty years with the establishment of Soviet power in Estonia in 1940. The organ was proclaimed as an "ideologically improper" musical instrument.

When considering the number of organs in Estonia, including those built locally and those ordered from the German firms of Walcker, Ladegast, Sauer and others, the total would exceed two hundred. This is a considerable number for a relatively small country with a population of one and half million people. Therefore Estonia has become an unconventional museum of the organ and possesses quite a few instruments that are unique in the world.

At the beginning of the 20th century many gifted concert organists-composers could be found in Estonia. Most of them received diplomas from the Conservatory of St. Petersburg. Most of the orders for new organs originated from this circle of organists-composers. Peeter Süda, Mart Saar, Rudolf Tobias, Artur Kapp and Mihkel Lüdig gave many concerts of high quality in Estonia and abroad, performing their own compositions, western classics and inspiring improvisations. Edgar Arro, Arvo Pärt, Erkki-Sven Tüür and Igor Garshnek are the best known present composers who have written for the organ.

The best organs in Estonia have been at the disposal of the organizers of the Tallinn International Organ Festival for the use of the world's elite concert organists since 1987. Our organs have been praised superlatively, we should value this approval.

Tallinna Jaani

Die Orgel in der Tallinner St. Johanniskirche wurde 1914 in der Werkstatt des estnischen Orgelbauers August Terkmann gebaut. Die Orgel hat 43 Grundregister und 17 Transmissionen.
Die neugotische St. Johanniskirche wurde in den 70er Jahren des letzten Jahrhunderts außerhalb der mittelalterlichen Stadtmauern nach dem Projekt des estnischen Gouvernementsarchitekten J. Gabler gebaut. Die Einrichtung stammt größten Teils aus der gleichen Zeit. Die Gemeinde der St. Johanniskirche entstand aus dem Teil der Esten, die durch das Anwachsen der Stadt nicht mehr der Gemeinde der Heiliggeistkirche angehören konnten.

kiriku orel valmis 1914. a. eesti oreliehitaja August Terkmanni töökojas. Orelil on 43 põhi- ja 17 transmissioonregistrit.
Uusgooti stiilis Jaani kirik ehitati 1870. aastatel väljapoole keskaegset linnamüüri Eestimaa kubermanguarhitekt J. Gableri projekti järgi. Sisustus on valdavalt samaaegne. Jaani kiriku kogudus moodustus eestlastest, kes linna elanikkonna kasvades enam eesti Pühavaimu kiriku kogudusse ei mahtunud.

The organ of this church was finished in the organ workshop of the Estonian organ-builder August Terkmann in 1914. The instrument has 43 main stops and 17 transmission stops.
The neo-gothic St. John's Church was built in the 1870s, outside of the medieval town wall following a project of the government architect of Estonia J. Gabler. The furnishing is mostly contemporary. The congregation of the St. John's Church consisted of Estonians who, due to the expansion of the city, could no longer be part of the Holy Ghost Church congregation.

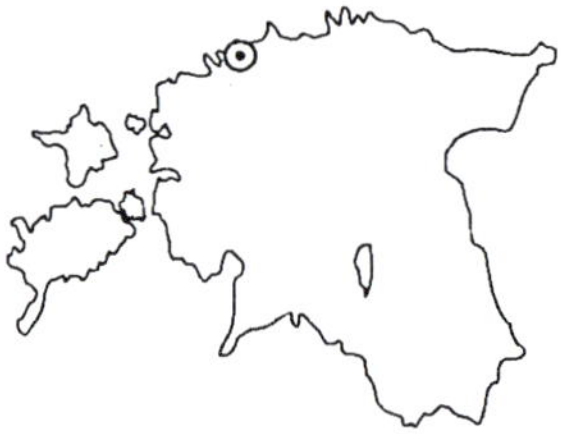

Tallinna Kaarli

Die Orgel in der Karlskirche ist die grösste in ganz Estland. Sie wurde 1923 von der Firma „E.F.Walcker" in Ludwigsburg gebaut. Der Bau der Orgel wurde durch den Komponisten und Organisten Mihkel Lüdig angeregt und geleitet.
Die im neuromanischen Stil gebaute Karlskirche ist eines der imposantesten historizistischen Gebäude in Tallinn. Die Steinkirche wurde vom baltendeutschen Architekten Otto Hippius gebaut. Das Gebäude wurde 1870 in Gebrauch genommen. Die Altarapsis wird durch die Fresko „Kommt zu mir..." des bekannten Malers und Akademikers Johann Köler geschmückt (1879). Die Turmglocken wurden der Kirche von Karl XI geschenkt (1696).

kiriku orel on suurim Eestis. Valmistatud firma „E.F.Walcker" poolt Ludwigsburgis 1923. a. Ehituse algataja ja korraldaja oli organist, helilooja Mihkel Lüdig.
Uusromaani stiilis Kaarli kirik on imposantsemaid historitsistlikke paekivihooneid Tallinnas. Kivikiriku projekteeris baltisaksa arhitekt Otto Hippus. Hoone võeti kasutusele 1870. a. Altari apsiidi kaunistab nimeka eesti maalikunstniku, akadeemik Johann Köleri fresko „Tulge minu juurde..." (1879). Kirikul on Karl XI annetatud tornikellad (1696).

The organ in this church is the largest in Estonia. It was built by the „E.F.Walker" company in Ludwigsburg in 1923. The building was inspired and followed through by the organist and composer Mihkel Lüdig.
The neo-romanesque Charles' Church is one of the most imposing limestone buildings of Tallinn. The stone church was a project of the Baltic German architect Otto Hippius. The building was taken in use in 1870. The altar apse is embellished by the fresco of the painter and academician Johann Köler, entitled „Come to me..." (1879). The tower bells were donated to the church by Charles XI (1696).

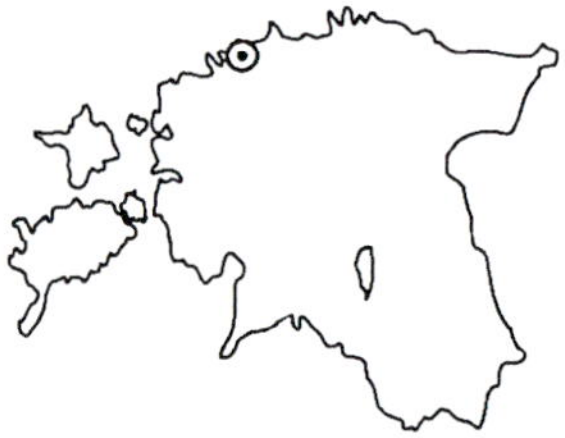

Tallinna Niguliste

Im Mittelalter besaß diese Kirche drei Orgeln. Durch Kriegseinwirkungen (1944) wurde diese Kirche als Museum und Konzertstätte wiederhergestellt. Die neue Orgel erklingt seit 1981. Die Arbeiten wurden von der tschechoslowakischen Firma „Rieger-Kloss" ausgeführt. Die St. Nikolaikirche hat sich zum Zentrum für zeitgenössische estnische Orgelmusik entwickelt.
Die St. Nikolaikirche wurde von deutschen Kaufleuten gegründet, die nach 1230 von Gotland nach Tallinn gekommen waren. Seine derzeitige Raumanordnung erhielt die Kirche im 15. Jahrhundert. Aus der mittelalterlichen Ausstattung sind hanseatische Spitzenkunstwerke wie der aus der Werkstatt Herman Rodes stammende Hauptaltar (Lübeck, 1482) und Bernt Notkes „Totentanz" (Replik des in der Lübecker Marienkirche zerstörten „Totentanzes", Ende des 15. Jahrhunderts) erhalten.

kirik omas keskajal kolme orelit. Pärast sõjapurustusi (1944) taastati muuseum-kontserdisaalina. Uus orel seati üles 1981. a. Teostajaks oli firma „Rieger-Kloss" Tšehhoslovakkiast. Niguliste on kujunenud kaasaegse eesti orelimuusika keskuseks.
Niguliste rajasid pärast 1230. a. Gotlandilt Tallinna asunud saksa kaupmehed. Praeguse ruumivormi omandas kirik XV sajandil. Keskaegsest sisustusest on säilinud sellised Hansa-kunsti tippteosed nagu Herman Rode töökojast pärinev peaaltar (Lübeck, 1482) ja Bernt Notke „Surmatants" (repliik Lübecki Maarja kiriku hävinud „Surmatantsust", XV sajandi lõpp).

In the Middle Age this church owned three organs. After the destructions of the war (1944) the church was restored as a museum-concert hall. The new organ was set up in 1981. This was done by the Czechoslowakian company „Rieger-Kloss".
The St. Nicolas' Church was founded after 1230 by German merchants who had settled from Gotland to Tallinn. It acquired its present room shaping in the 15th century. Of the medieval furnishing there are some top works of hanseatic art as the main altar, which came from the workshop of Herman Rode (Lübeck, 1482) and Bernt Notke's „Dance macabre" (a replica of the „Dance macabre" in the St. Mary's Church of Lübeck, which has been destroyed, end of the 15th century).

Lautespielender Engel. Detail vom Hauptaltar. ❑ Tod als Dudelsackspieler. Detail von B. Notkes „Totentanz".

Ingel-lautomängija. Detail peaaltarilt. ❑ Surm-Torupillipuhuja. Detail B. Notke „Surmatantsust".

Angel-lute player. Detail of the main altar. ❑ Death-Bagpiper. Detail of B. Notke's „Dance macabre›".

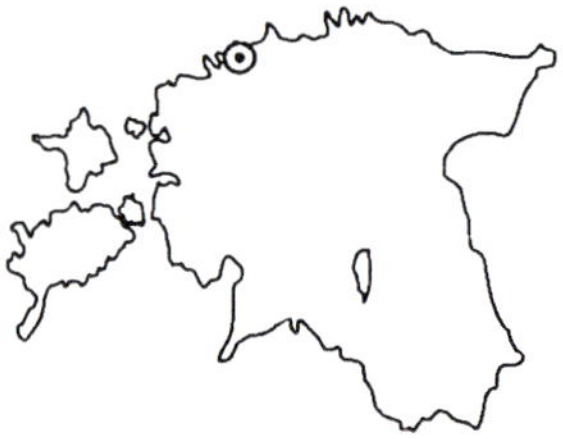

Tallinna Pühavaimu

Die Orgel in der Heiliggeistkirche ist die grösste von einem estnischen Orgelbauer erbaute. Der Meister was August Terkmann. Sie wurde 1992 von Hardo Kriisa restauriert. Dieser baute auch die hinter dem Altar befindliche Orgel um.
Von den 10 Altären blieb bei der Bilderzerstörung während der Reformationszeit (1524) nur der Hauptaltar aus der Werkstatt Bernt Notkes (1483) erhalten. Vollkommen erhalten ist die aus dem 16. und 17. Jahrhundert stammende Einrichtung. Da die Heiliggeistkirche von 1532 an der estnischen Stadtgemeinde gehörte, hat sie eine wichtige Rolle in der Kulturgeschichte Tallinns gespielt.

kiriku orel (1929) Tallinnas on suurim eesti oreliehitajate poolt valmistatuist. Meister: August Terkmann. Restaureeris Hardo Kriisa 1992.a. Ta ehitas ümber altaritaguse oreli, mis on mängitav IV manuaalilt.
Kiriku 10 altarist säilus reformatsiooniaegses pildirüüstes (1524) vaid peaaltar Bernt Notke töökojast (1483). Täielikult on säilinud XVI-XVII sajandil valminud sisustus. Kuuludes alates 1532. a. eesti linnakogudusele, on Pühavaimu kirik etendanud tähtsat osa Tallinna kultuuriloos.

The organ of the Tallinn Holy Ghost church (1929) is the largest that has been built by an Estonian organ builder. The master: August Terkmann. It was restored by Hardo Kriisa in 1992. He rebuilt the organ behind the altar, which is being played from the 4th manual.
Out of the ten altars only the main altar that had come (1483) from the workshop of Bernt Notke, remained through the reformation time destruction of works of art (1524). The furnishing of the 16th and 17th century has been preserved completely. Since the Holy Ghost Church has belonged to the township from 1532 on, it has performed an important role on the cultural history of Tallinn.

Tallinna Toomkirik

Die Tallinner Domkirche nahm ihre jetzige Orgel 1913 in Betrieb, als die früher von Friedrich Ladegast gebaute Orgel (1858) gründlich umgebaut worden war. Der bekannte deutsche Orgelbauer W. Sauer bewahrte dabei den Prospekt und ungefähr ein Drittel der Register der vorherigen Orgel. Die Orgel eignet sich hervorragend zum Vortrag der Musik Max Regers.
Die Domkirche wurde 1219 in Tallinn gegründet. Beim Ausbau hat sie die Gestalt einer dreischiffigen Basilika gotischen Stils angenommen. Die durch einen Brand 1684 zerstörte hölzerne Inneneinrichtung wurde im 17. Jahrhundert durch eine im Barockstil gebaute ersetzt. Die Sammlung von 115 holzgeschnitzten Wappen-Epitaphien in der Domkirche ist die größte Kollektion ihrer Art in Nordeuropa.

omandas praeguse oreli 1913. a., mil varasem, Friedrich Ladegasti ehitatud orel (1858) põhjalikult ümber ehitati. Kuulus saksa oreliehitaja W. Sauer säilitas seejuures eelmisest orelist prospekti ning umbes kolmandiku registritest. Orel on ideaalne Max Regeri muusika esitamiseks.
Toomkirik rajati Tallinnas 1219. a. Väljaehitamisel omandas kolmelöövilise gooti stiilis basiilika kuju. 1684. a. tulekahjus hävinud puidust sisustus asendati XVII sajandi lõpul uue, barokkstiilsega. 115-numbriline nikerdpuidust vapp-epitaafide kogu Toomkirikus on suurim sellelaadiline kollektsioon Põhja-Euroopas.

The Cathedral acquired its present organ, after its previous organ, built by Friedrich Ladegast, had been thoroughly rebuilt. The well-known German organ builder W. Sauer thereby conserved the frontispiece and about one third of the stops of the previous one. This organ is ideal for the presentation of the music of Max Reger.
The episcopal cathedral of Estonia was founded in Tallinn in 1219. In the process of building it acquired the shape of a three nave gothic style basilica. The wooden furnishing, which was destroyed in a fire in 1684, was replaced at the end of the 17th century by a baroque style one. The Cathedral's collection numbering 115 coat of arms-epitaphs is the largest of its kind in Northern Europe.

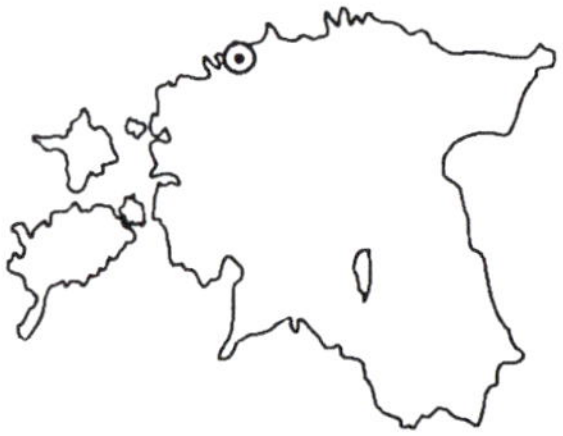

Den Altar fertigte der Tallinner Tischlermeister Christian Ackermann 1696. ❑ Den Westturm erhielt die Domkirche erst 1779.

Altari valmistas Tallinna tislermeister Christian Ackermann 1696.a. ❑ Läänetorni omandas Toomkirik alles 1779.a.

The altar was made by the Tallinn master-carpenter Christian Ackermann in 1696. ❑ The Cathedral acquired its West tower only in 1779.

Nõmme Rahu

Die wohlklingende Orgel in der Friedenskirche von Nõmme ist älter als ihr Standort. Sie wurde 1844 von Ernst Kessler für die Kirche von Võnnu gebaut. In die Tallinner Gartenstadt wurde die Orgel erst in den 1980er Jahren in beschädigtem Zustand gebracht. Die Pfeifen-Mensuren stellte Rolf Uusväli wieder her. Alle fehlenden Orgelpfeifen entstanden in der Werkstatt von Hardo Kriisa. Kesslers Orgel hatte statt dem jetzigen Mixtur-Register ein Trompetenregister.
Der bescheidene Holzbau der Friedenskirche von Nõmme entstand erst in den 1920er Jahren.

kiriku kaunikõlaline orel on asukohahoonest vanem. Selle valmistas Ernst Kessler 1844. a. Võnnu kiriku jaoks. Tallinna aedlinna toodi orel katkisena alles 1980. aastatel. Instrumendi vilede mensuurid taastas orelikunstnik Rolf Uusväli. Kõik puuduvad oreliviled on sealjuures valmistatud Hardo Kriisa töökojas. Kessleril oli praeguse mixturi asemel trompetiregister.
Nõmme Rahu kiriku tagasihoidlik puithoone ehitati alles 1920. aastatel.

The beautifully sounding organ of this church is older than its location. Ernst Kessler built this organ in 1844 for the Church of Võnnu. The instrument was brought into the garden city of Tallinn in a broken state only in 1980. The pipe measures of the instrument were re-established by the organ player Rolf Uusväli. All missing organ pipes were made in the workshop of Hardo Kriisa. Instead of the present mixture stop there was a trumpet stop in Kessler's organ.
The Peace Church of Nõmme's modest wooden building was only built in the 1920s.

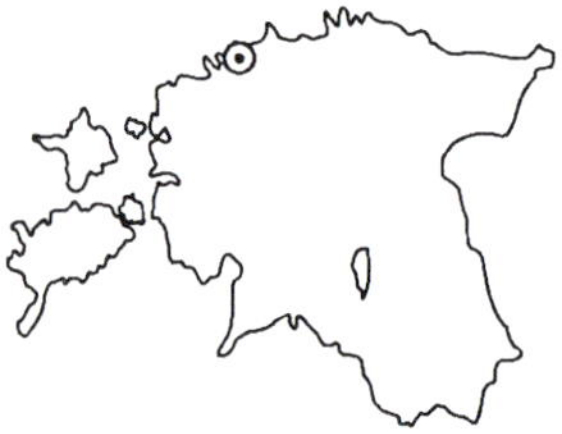

Harju-Madise

Diese Kirche erhielt ihre jetzige Orgel 1859, ihr Erbauer war Gustav Normann. Er war der Bruder des Kantors von Simuna und wurde bekannt als einer der ersten estnischen Orgelbauermeister von Tallinn. Der Komponist Karl August Hermann hielt ihn für „Estlands berühmtesten und besten Orgelbauer".

Die Harju-Madise Kirche von Harju, an einem landschaftlich schönen Ort an der Bucht von Pakri gelegen, erhielt ihr jetziges Erscheinungsbild nach mehreren Umbauarbeiten im 17. und 18. Jahrhundert. Die als Seezeichen genutzte Kirchturmspitze ahmt die Olaikirche von Tallinn nach. An der Inneneinrichtung sind bemerkenswert die Gemäldetafeln des alten Altars (1631) und die Kanzel mit frühklassizistischem Dekor.

kirik sai praeguse oreli 1859. a., ehitajaks Gustav Normann. Ta oli Simuna köstri vend ning sai tuntuks kui üks esimesi eestlasest orelimeistreid Tallinnas. Helilooja Karl August Hermann pidas teda „Eestimaa kõige kuulsamaks ja tublimaks oreliehitajaks".

Harju-Madise kirik Pakri lahe ääres looduskaunis kohas on omandanud lõpliku ilme mitme ümberehituse tulemusel XVII-XVIII sajandil. Meremärgina kasutusel oleva kiriku torni kiiver jäljendab Tallinna Olevistet. Kiriku sisustuses on tähelepanuväärsed vana altari (1631) maalitahvlid ja varaklassitsistliku dekooriga kantsel.

This church received its organ in 1859 from the organ builder Gustav Normann. He was the brother of the Simuna's Church organist and he became known as one of the first Estonian organ-builders in Tallinn. The composer Karl August Hermann considered him to be „the best known and finest organ-builder of Estonia".

The Harju-Madise Church of Harju, located at the cove of Pakri in a beautiful natural environment, acquired its final look as a result of numerous reconstructions in the 17th and 18th century. The tower spire, which was also used as a sea sign, is an imitation of the St. Olaf's Church in Tallinn. Among the furnishings, the panel painting of the old altar (1631) and the pulpit with it early classicistic decor are most outstanding.

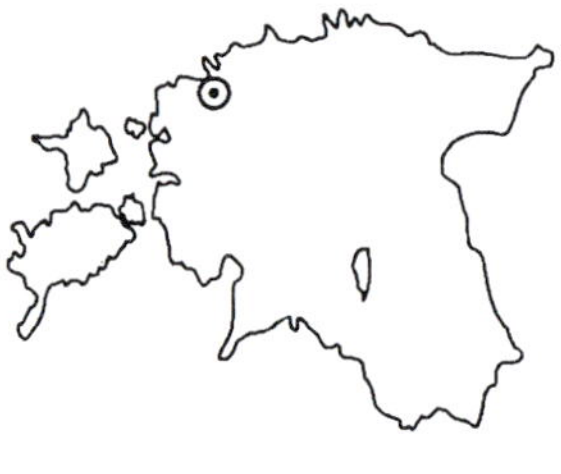

Järva-Madise

Die Orgel in dieser Kirche baute der estnische Meister Gustav Terkmann 1902. Er war ein Schüler G. Normanns und gründete 1882 seine eigene Orgelwerkstatt in Tallinn.
Die Järva–Madise Kirche von Järva ist unter den dreischiffigen Hallenkirchen im Landkreis von Paide überraschenderweise einschiffig. Die im 13. Jahrhundert gebaute Festungskirche erhielt im 14. Jahrhundert eine gewölbte Decke und hat seinen mittelalterlichen architektonischen Charakter vollkommen erhalten. Zur Einrichtung gehören die renaissanceförmige Kanzel und der Orgelchor sowie auch der Barockaltar von Christian Ackermann (1670) mit einem Altargemälde von T.A.Sprengel (1867).

Oreli ehitas 1902. a. eesti meister Gustav Terkmann. Ta oli G. Normanni õpilane, rajas oma orelitöökoja Tallinnas 1882. a.
Järva-Madise kirik on Paide maakonna kolmelöövilisten kodakirikute seas erandlikult ühelööviline. XIII sajandil ehitatud kindluskirik võlviti XIV sajandil ning on täielikult säilitanud keskaegse arhitektuurse ilme. Sisustuses on renesanssvormilised kantsel ja oreliväär, samuti Christian Ackermanni barokkaltar (1670. aastad) T.A. Sprengeli altarimaaliga (1867).

The organ in this church was built by the Estonian organ-builder Gustav Terkmann in 1902. He was a student of G. Normann and started his own organ-building workshop in Tallinn in 1882.
The St. Matthew's Church of the Paide, previously Järva, district with its three nave hall churches, surprisingly, is a one nave church. Built in the 13th century as a fortress church, it was vaulted in the 14th century, and it has completely maintained its medieval architectural appearance. Among the furnishings there are the renaissance style shaped pulpit and organ–loft as well as the baroque style altar by Christian Ackermann (1670) with an altar painting by T.A.Sprengel (1867).

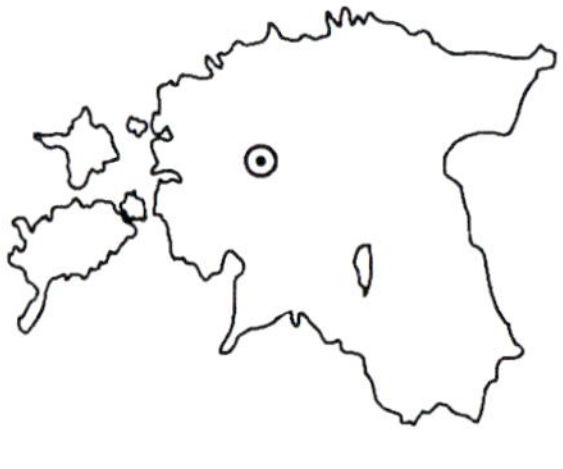

Der Evangelist Matthäus auf der Kanzel. Eine Arbeit des Meisters Elert Thiele. 1650.

Kiriku nimepühak, evangelist Matteus kantslil. Meister Elert Thiele töö. 1650.

The evangelist Matthew on the pulpit. A work of the master Elert Thiele. 1650.

Kihelkonna

Die Orgel in dieser Kirche auf der Insel Saaremaa ist deshalb bemerkenswert, weil sie die älteste heute noch bespielbare Orgel Estlands ist. Sie wurde 1805 von dem Meister Johann Andreas Stein aus Pärnu gebaut. Großen kunstgeschichtlichen Wert hat der größtenteils im Rokokostil gebaute Prospekt. Das zweite Manual dieser Orgel baute A. Weissenborn 1890. Die St. Michaeliskirche von Kihelkonna war ursprünglich eine einschiffige Festungskirche (14. Jahrhundert) ohne Westturm. Innerhalb des Gebäudes findet man gotischen Bildhauerdekor und Spuren von mittelalterlichen Wandmalereien.

Altar mit dem Gemälde „Das Abendmahl", 1591. ❑ Neuer und alter Turm. ❑ Abendmahlsweinkelche. Silber. Tallinner Arbeit. 16. Jahrhundert.

Altar maalinguga „Püha õhtusöömaaeg". 1591. ❑ Uus ja vana torn. ❑ Armulauaveini kannud. Hõbe. Tallinna töö. XVI saj.

The altar with the painting „The Lord's Supper". 1591. ❑ The new and the old tower. ❑ Eucharist cups. Silver. A work of Tallinn. 16th century.

kiriku orel Saaremaal on tähelepanuväärne kui vanim tänini mängukorras kirikuorel Eestis. Ehitatud 1805. a. Meister: Johann Andreas Stein Pärnust. Suurt kunstiajaloolist väärtust omab oreli valdavalt rokokoostiilne prospekt. Teise manuaali ehitas orelile A.Weissenborn 1890. a. Kihelkonna Mihkli kirik oli algselt ilma läänetornita ühelööviline kindluskirik (XVI saj.). Hoones on gooti stiilis raiddekoori ja keskaegsete seinamaalingute jälgi.

The organ of the Kihelkonna Church is remarkable because it is the oldest one in Estonia that still is in a playable state. It was built by Johann Andreas Stein of Pärnu in 1805. With regards to the history of art, the mostly rococo style frontispiece of the organ is of great value. The second manual of the organ was built by A. Weissenborn in 1890.

The St. Michael's Church of Kihelkonna originally was a one nave fortress church without a West tower. (14th century). In the building there are gothic style sculpture decor and traces of medieval wallpaintings.

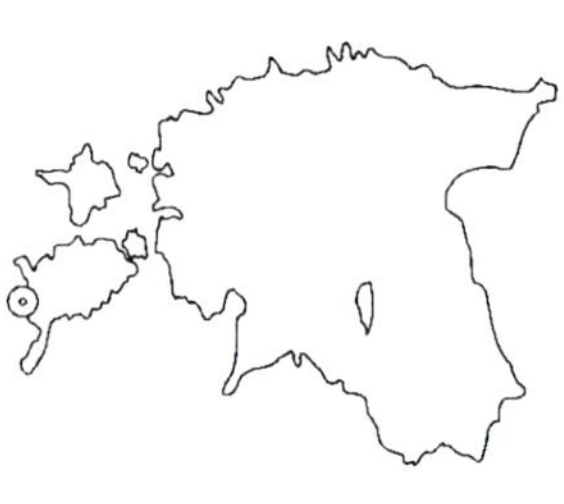

Auspiciis

Kolga-Jaani

Die Orgel in der Kolga-Jaani Kirche wurde 1884 von dem deutschen Orgelbaumeister Guido Knauff von Coburg-Gotha gebaut. Er hat sechs Orgeln in Estland gebaut, von denen vier erhalten sind.

kiriku oreli ehitas saksa orelimeister Guido Knauff Coburg-Gothast 1884.a. Ta on ehitanud Eestisse kuus orelit, millest neli on säilinud.

The organ in the Kolga-Jaani Church was built by the German organ-builder Guido Knauff of Coburg-Gotha in 1884. He built six organs for Estonia, of which four have remained.

Altarkruzifix. Preussische Schule. 14. Jahrhundert. ❑ *Die Turmform ist größtenteils neogotisch.*

Altarikrutsifiks. Preisi koolkond. XIV sajand. ❑ Torni kuju on valdavalt neogootikast.

Altar crucifix. Prussian School. 14th century. ❑ *The shape of the tower is mostly of a neo-gothic style.*

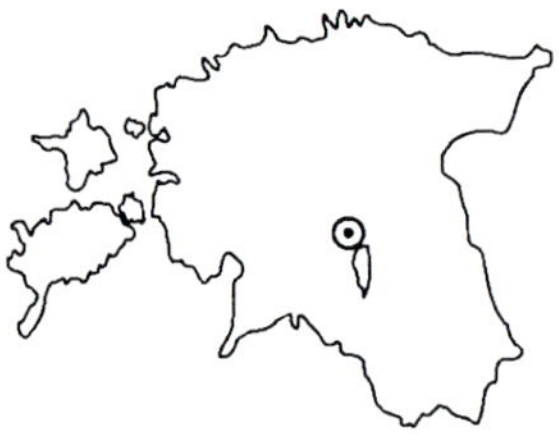

Pedal Coppel
Manual Coppel

Kullamaa

Die Orgel in dieser Kirche wurde von dem in Estland lebenden Carl Tanton 1854 gebaut. Von ihm sind in Estland drei Orgeln erhalten sowie einige Prospekte und einzelne Register von anderen Meistern später gebauten Orgeln. Die Arbeit Tantons ist charakterisiert durch die eigenwillige Gestaltung des Prospektes auf Säulen. Auf dieser Orgel hat der Komponist Rudolf Tobias viel gespielt und Konzerte gegeben.
In der Kirche befinden sich bildhauerische Werke aus mehreren Jahrhunderten und polychrome Holzschnitzereien von höchstem Wert.

kiriku oreli valmistas Eestis elanud Carl Tanton 1854. a. Temalt on Eestis säilunud kolm orelit, mõned prospektid ja üksikuid registreid teiste meistrite poolt hiljem ehitatud orelites. Tantoni töid iseloomustab omalaadne, sammastega prospekti kujundus. Siinsel orelil on palju mänginud ja kontserte andnud helilooja Rudolf Tobias.
Hoones on mitmest sajandist raidkunstiteoseid ning kõrgeväärtuslikku polükroomset puunikerduskunsti.

The organ of the Kullamaa church was built in 1854 by Carl Tanton, who was living in Estonia. Of his work three organs, some frontispieces and some single stops, which were used in organs that were built later by other masters, have remained. Tanton's works are characterized by the peculiar shaping of the frontispiece on pillars. The composer Rudolf Tobias has played and given concerts on this organ, many times.
In the building there is sculptural art work of various centuries as well as highly valued polychrome woodcarving.

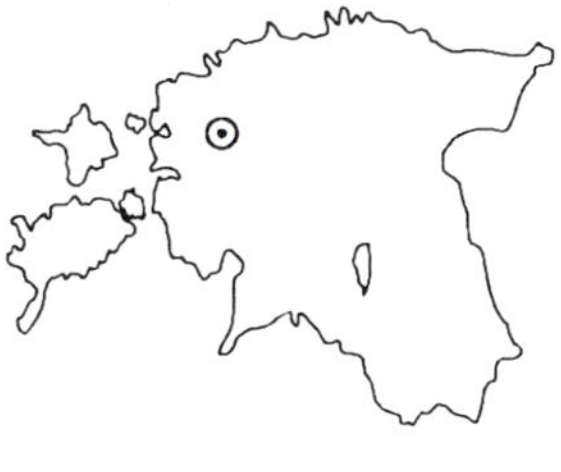

B. Budeloch's Epitaph von dem Philologen und Pastor H. Göseken und die Skulpturen des Triumphbogens zum Kalvarienberg (1681–82).

B. Budeloch. Pastor H. Gösekeni epitaafi raamistus ja võidukaare Kolgata-grupi skulptuurid (1681–82).

The frame of the philologist and minister H. Göseken epitaph and the sculptures of the Calvary triumphal arch are the works of B. Budeloch, (1681–82).

Nõo

Die Orgel in dieser Kirche wurde 1890 in der Firma „E.F. Walcker" in Ludwigsburg gebaut. Dabei wurde ein Teil der Register von der vorherigen von E. Kessler gebauten Orgel beibehalten. Es ist wichtig anzumerken, daß die reicheren Land- und Stadtgemeinden ihre Orgeln von Walcker und von Sauer bestellten, und daß diese Orgeln noch bis heute in gutem Spielzustand sind.

Die Kirche von Nõo ist eine der wenigen in Südestland begründeten Sakralgebäude des 13. Jahrhunderts, von dem die mittelalterlichen Mauern und Gewölbe noch vollkommen erhalten sind. Die Inneneinrichtung ist überwiegend neugotisch. Der aus dem Jahre 1910 stammende Altar steht in engem Zusammenhang mit der Entwicklung einer nationalen Kunst in Estland. Das Altargemälde stammt von Tõnis Grenzstein, die Skulpturen sind das Werk von Jaan Koort.

orel ehitati „E.F.Walckeri" firmas Ludwigsburgis 1890.a., seejuures säilitati osa registreid eelkäijast, E. Kessleri orelist. On oluline märkida, et Eesti jõukamad maa- ja linnakogudused tellisid oma orelid Walckerilt ja Sauerilt ning need instrumendid on heas mängukorras tänini.

Nõo kirik on üks väheseid XIII sajandil rajatud sakraalhooneid Lõuna-Eestis, kus on terviklikult säilinud keskaegsed müürid ja võlvid. Sisustuses on ülekaalus uusgootika. Eesti rahvusliku kunsti arenguga on seotud altar aastast 1910. Altarimaal on Tõnis Grenzsteini, skulptuurid Jaan Koorti töö.

The organ in this church was built by the „E.F. Walcker" company in Ludwigsburg in 1890. Some part of the stops of the previous organ, built by E. Kessler, was thereby used. It is important to note, that the wealthier Estonian provincial and city congregations ordered their organs from Walcker and Sauer and that these organs are even by today in a good state for playing.

The Church of Nõo is one of the few 13th century ecclesiastical buildings, which has completely maintained its medieval walls and vaults. The furnishing is predominantly of a neo-gothic style. The altar of 1910 is closely related to the development of an Estonian national art. The altar painting is by Tõnis Grenzstein, the sculptures are the work of Jaan Koort.

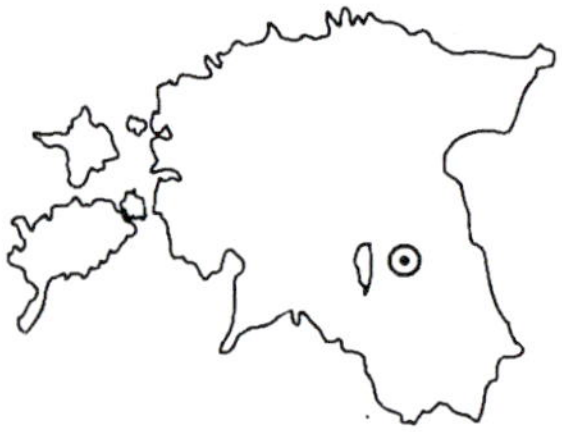

Der gotischen Formen folgende Altar befindet sich unter dem 13. Domikalgewölbe.

Jäljendatud gooti vormides altar paikneb XIII domikaalvõlvi all.

The altar, following Gothic forms, is located below the 13th domical vault.

Otepää

Die Orgel in dieser Kirche ist das Werk des Meisters von Tartu, Ernst Kessler (1853). Der neubarocke Prospekt ist umgeben von einem Anker und einer Holzschnitzgruppe von gekreuzten Musikinstrumenten, wofür sich Analogien sowohl in Estland als auch in anderen Ostseestaaten finden.

Der Ursprung der Kirche von Otepää liegt im Mittelalter; sie wurde jedoch mehrfach umgebaut. Sie hat eine barockförmige Turmspitze. Das verlorengegangene Gewölbe wird ersetzt durch einen Dachstuhl mit reichhaltigen Holzverzierungen neugotischen Stils.

kiriku orel on Tartu meistri Ernst Kessleri töö 1853. aastast.

Neobarokses stiilis prospekti pealistab ankru ja ristatud muusikariistadega puunikerdusgrupp, millele leidub analoogiaid nii Eestis kui ka teistes Läänemere-äärsetes maades.

Otepää kirik on keskaegse algupäraga, ent mitu korda ümber ehitatud. Tal on barokkvormiga tornikiiver. Kaotsiläinud võlve asendab rikkalike uusgooti nikerdustega katuse toolvärk.

The organ was built by the master of Tartu, Ernst Kessler, in 1853.

The neo-baroque style frontispiece is framed by an anchor and a group of wood-carved music instruments, to which there can be found analogies in Estonia as well as in other countries that are located at the Baltic Sea.

The Church of Otepää has its origin in the Middle Age; however, it was rebuilt many times. It has a tower spire that is shaped in a baroque style. The lost vault is replaced by a richly wood-carved roof-truss in a neo-gothic style.

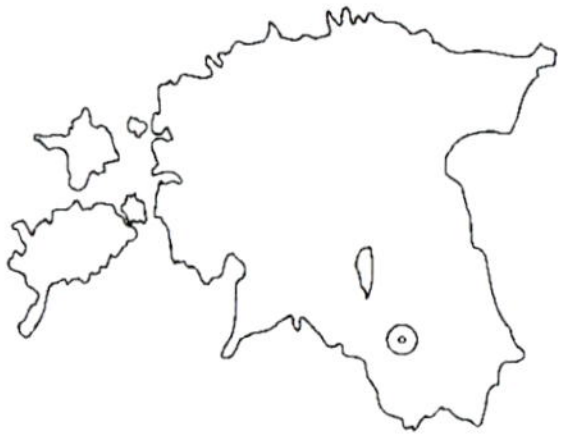

Pärnu Elisabeti

Diese Kirche erhielt ihre derzeitige Orgel von dem Rigaer Meister Herbert Kolbe 1929. Der Organist der deutschen Gemeinde an der Universität von Tartu Otto Freymuth half bei der Gestaltung der Orgel mit. Bei dieser Orgel finden sich ungewöhnlich reichhaltige Aliquoten. Besonders wohlklingend ist das barocke Zungenregister Dulcian.

Die Kaiserin Elisabeth schenkte der estnischen Gemeinde der Stadt Pärnu das Geld für den Bau der Kirche. Daher trägt die 1744–50 gebaute Kirche ihren Namen. Sie ist im Barockstil gebaut. Der Baumeister war J.H.Güterbock aus Riga. Das Querschiff stammt aus späterer Zeit, aus dem Jahre 1893.

kirik sai olemasoleva oreli 1929. a. Riia meister Herbert Kolbelt. Oreli aitas kavandada Tartu ülikooli saksa koguduse organist Otto Freymuth. Ebatavaliselt rikkalikult on orelil esindatud ülemheliregistrid. Kaunikõlaline on barokne keelregister Dulcian.

Keisrinna Elisabet kinkis Pärnu linna eesti kogudusele raha kiriku ehitamiseks. Sellepärast kannab aastail 1744-50 ehitatud kirik tema nime. Kirik on barokkstiilis. Ehitusmeister oli J.H.Güterbock Riiast. Kiriku põikilöölöv on hilisem, aastast 1893.

The Pärnu Elisabethan church received its organ from Herbert Kolbe, a master of Riga, 1929. The organist of the German congregation of the Tartu University, Otto Freymuth, helped to design the instrument. The organ has unusually many mutation stops and a beautifully sounding baroque style Dulcian reed.

The Empress Elisabeth gifted the money for the building of the church to the Estonian congregation of the town of Pärnu. Therefore the church, which was built in the years of 1744–50, is carrying her name. It is a baroque style church. The master builder was J.H.Güterbock from Riga. The transept was built later, in 1893.

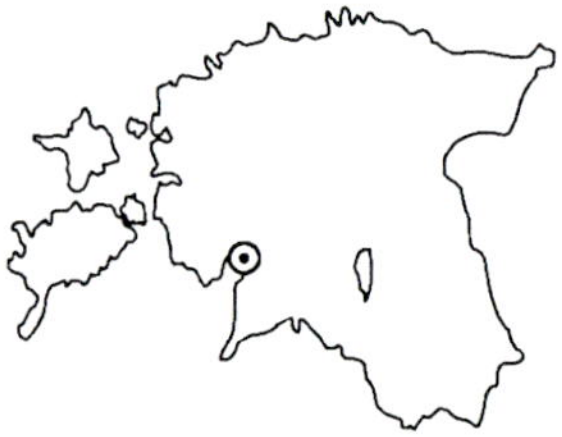

Paide

Die jetzige Orgel der Stadtkirche von Paide ist das Werk der Gebrüder Kriisa aus dem Jahre 1933. Der neubarocke Prospekt stammt wahrscheinlich aus der Zeit des Umbaus der Kirche (1848). In dem neuen Instrument wurden auch 5 Register des ersten Manuals der vorherigen Orgel benutzt, deren Meister jedoch leider unbekannt ist. Die neuen Metallpfeifen wurden von der Firma „Laukhuff" in Deutschland bestellt. Die Orgel wurde mit einer pneumatischen Traktur ausgestattet. Die vorgesehenen Zungenregister wurden aus Geldnot nicht gebaut.

Die Stadtkirche von Paide wurde 1771–86 gebaut, wobei die Mauernreste der im livländischen Krieg zerstörten Kirche wiederverwendet wurden. Der robuste Westturm erhielt seine endgültige Gestalt im Zuge der letzten Umbauarbeiten 1909–10.

linnakiriku nüüdne orel on vendade Kriisade töö aastast 1933. Neobarokne prospekt pärineb arvatavasti kiriku ümberehitamise ajast 1848. Instrumendis kasutati ka viit I manuaali registrit selle oreli eelkäijast, mille meister on kahjuks teadmata. Uued metallviled telliti firmalt „Laukhuff" Saksamaalt. Orel varustati pneumaatilise traktuuriga. Kavandatud keelregistrid jäid rahapuudusel ehitamata.

Paide linnakirik ehitati 1771-86, kasutades ära Liivi sõjas purustatud kiriku müürijäänuseid. Toekas läänetorn sai lõpliku kuju viimase ümberehituse käigus 1909-10.

The present organ of this town church is the work of the Kriisa brothers (1933). The neo-baroque style frontispiece most likely originates from the time of the rebuilding of the church in 1848. Five stops of the previous instrument, which are to be played from the first manual, and whose master builder is unfortunately not known, are being used in the rebuilt organ. The new metal pipes were ordered from the „Laukhuff" company in Germany. The organ was equipped with pneumatic action. The reeds, which were planned, were not built, due to lack of money.

The town church of Paide was built from 1771–86, whereas the ruins of the previous church, which had been destroyed during the Livonian War, were reused. The church was equipped with representative late-baroque style furnishing. The sturdy West tower acquired its final shape during the last period of reconstruction in 1909–10.

Die Kirche von Paide stellt die architektonische Dominante des alten Marktplatzes dar. ❑ Der Altar stammt etwa aus dem Jahr 1780.

Kirik on Paide vana turuväljaku arhitektuurseks dominandiks. ❑ Altar pärineb 1780. aastatest.

From an architectural point of view the church dominates the old market-place of Paide. ❑ The altar originates from the 1780s.

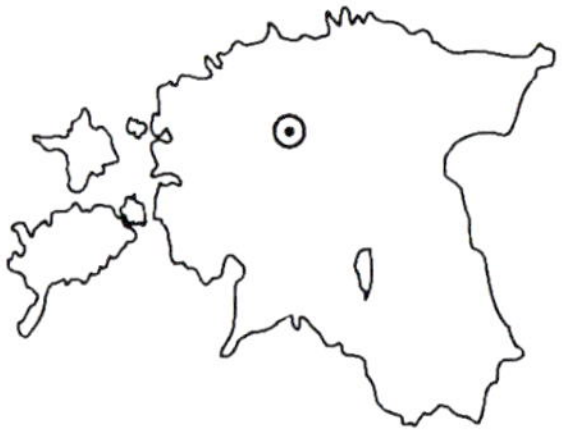

Pilistvere

Die Orgel in der Pfarrkirche von Pilistvere wurde mit ihrem neugotischen Prospekt (1893) vom deutschen Meister Wilhelm Sauer gebaut. Dieses Instrument zeichnet sich aus durch die sorgfältige Ausarbeitung der Intonation eines jeden Registers und ihrem weich zusammenfliessenden Gesamtklang.

Die wahrscheinliche Entstehungszeit der Kirche liegt bei 1223. Die Form einer dreischiffigen festungsartigen Hallenkirche nahm sie im 14. Jahrhundert an. Vom bildhauerischen Dekor ist am interessantesten das Nordportal mit dem Drachen und dem den Kirchgänger störenden Satan; von der Einrichtung sticht die Kanzel des Tischlers T. Öhmann (1686) mit den naiven Figuren der Evangelisten hervor.

kihelkonnakiriku uusgooti stiilis prospektiga orel (1893) on saksa meistri Wilhelm Saueri ehitatud. Seda pilli iseloomustab iga registri hoolikalt viimistletud intonatsioon ja pehmelt sulav üldkõla.

Kiriku arvatavaks rajamisajaks on 1223. a. Kolmelöövilise kindlustatud kodakiriku vormi omandas ta XIV sajandil. Raidkunstilisest dekoorist on huvitavaim põhjaportaal draakoni ja kirikulist takistava saatanaga; sisustusest Tartu tisleri T. Öhmanni kantsel (1686) naivistlike evangelistifiguuridega.

The organ of the Pilistvere parish church had neo-gothic style frontispiece and was built by the German organ-builder Wilhelm Sauer in 1893. This instrument is characterized by the careful attunement of the intonation of every single stop and by the soft flow of the whole sound.

The assumed founding time of the church is 1223. The shape of a three nave fortified hall church was acquired in the 14th century. With regards to the sculptural decoration, the Northern portal with the dragon and satan, who is bothering the church-goer, is most interesting; with regards to the furnishings, the pulpit with the figures of the evangelists in naive style is most outstanding (1686); it was made by the master-carpenter of Tartu, T. Öhmann.

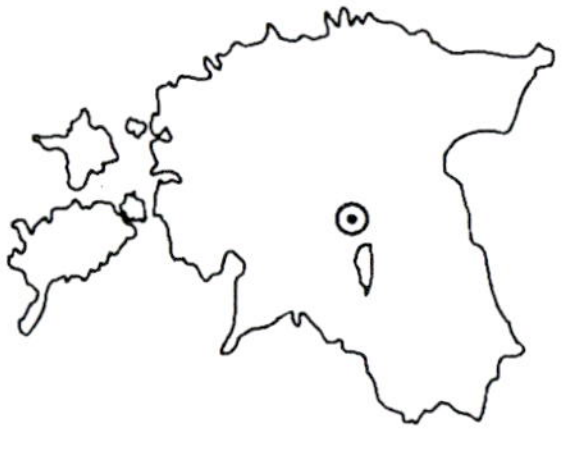

Der Evangelist Matthäus auf der Barock-Kanzel. ❑ Die 1905 durch einen Sturm zerstörte Turmspitze wurde wiederaufgebaut.

Evangelist Matteus barokk-kantslil. ❑ 1905. a. tormis hävinud tornikiiver taastati.

The evangelist Matthew on a baroque style pulpit. ❑ The tower spire, which was destroyed in a storm in 1905, was rebuilt.

Põltsamaa

Die Orgel in der Schloßkirche von Põltsamaa ist das Werk von Wilhelm Sauer aus dem Jahre 1900, und sie war ursprünglich vorgesehen für die St. Johanniskirche in Viljandi. 1953 wurde das Instrument in die Kirche von Põltsamaa gebracht und dort von Eduard und Hardo Kriisa gründlich umgebaut. Es wurden auch drei neue Register angefertigt.
Die Kirche von Põltsamaa ist deshalb einzigartig, weil der Kanonenturm der Ordensfestung aus dem 16. Jahrhundert zum Altarraum umfunktioniert wurde und die Mauern der Rüstkammer zum Querschiff wurden, dies erfolgte 1751. Die Kirche von Põltsamaa ist auch die erste unter den im 2. Weltkrieg in Estland zerstörten, bei der es gelang, die Turmspitze wiederaufzubauen.

lossikiriku orel on Wilhelm Saueri töö aastast 1900 ning oli algselt ehitatud Viljandi Jaani kirikule. Aastal 1953 toodi instrument Põltsamaa kirikusse ja ehitati Eduard ning Hardo Kriisa poolt põhjalikult ümber. Valmistati ka 3 uut registrit.
Põltsamaa kirik on ainulaadne selle poolest, et altariruumiks on kohandatud XVI sajandi ordulinnuse suurtükitorn, pikihooneks arsenali müürid. Põltsamaa on ühtlasi esimene II maailmasõjas purustatud kirikutest Eestis, millel suudeti taastada ka tornikiiver.

The organ in the Põltsamaa palace church is Wilhelm Sauer's work of 1900, and it was originally built for the St. John's church of Viljandi. In 1953 the instrument was brought into the church of Põltsamaa and thoroughly rebuilt by Eduard and Hardo Kriisa. Three new stops were made.
The Church of Põltsamaa is unique because the cannon tower of the 16th century order fortress is serving as the altar room, and the walls of the armoury as the nave. The Church of Põltsamaa is also the first church among the ones that had been destroyed in World War II, where it was possible to restore also the tower spire.

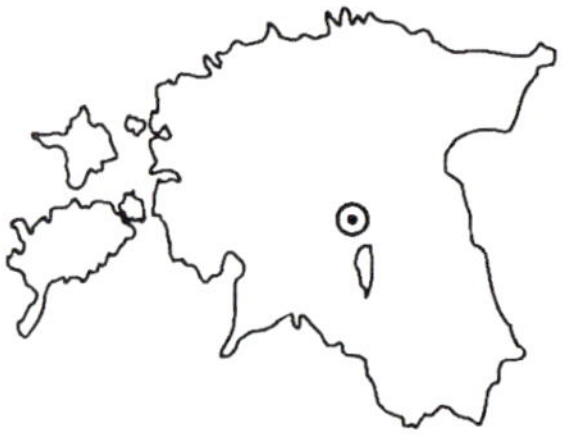

Der Altar im Kanonenturm befindet sich auf der Nord–Süd–Achse. ❑ Die Festungsruinen und die Kirche werden von einem mittelalterlichen Wallgraben umgeben.

Altar suurtükitornis paikneb põhja–lõunateljel ❑ Linnusevaremeid ja kirikut ümbritseb keskaegne vallikraav.

The altar in the cannon tower is located on the North–South axis. ❑ The ruins of the fortress and church are surrounded by a medieval moat.

Jumalale!
Psalm 81, 1.
mina teile, et teie üksteist
kui mina teid olen armastanud."

Simuna

Die Orgel in dieser Kirche wurde 1886 von Gustav Normann gebaut. Sie hat eine mechanische Traktur. Das ist G. Normanns größte Arbeit. Die Simuna Pfarrkirche im Westen von Virumaa stammt aus dem 14. Jahrhundert, wurde jedoch im 19. Jahrhundert regotisiert. Die größte Sehenswürdigkeit in der dreischiffigen Hallenkirche ist der Altar aus der Werkstatt des Tallinner Meisters Christian Ackermann (1684). Interessant ist auch die kelchförmige Kanzel mit Blumendekor (1724).

kiriku oreli ehitas Gustav Normann 1886. a. Orel omab mehaanilist traktuuri. See on suurim G. Normanni töö.
Simuna kihelkonnakirik Lääne-Virumaal pärineb XIV sajandist, ent on XIX sajandil regotiseeritud. Kolmelöövilise kodakiriku tähtsaimaks vaatamisväärtuseks on altar Tallinna meistri Christian Ackermanni töökojast (1684). Huvitav on ka lilldekooriga karikakujuline kantsel (1724).

The organ in this church was built by Gustav Normann in 1886. The organ has a mechanical action. It is G. Normann's greatest work. The Simuna Parish Church in Western Virumaa originates from the 14th century; however, it was regothicised in the 19th century. The most important object of interest of the three nave hall church is the altar, made in the workshop of the Tallinn master Christian Ackermann (1684). The chalice shaped pulpit with its flower decor is of interest, too (1724).

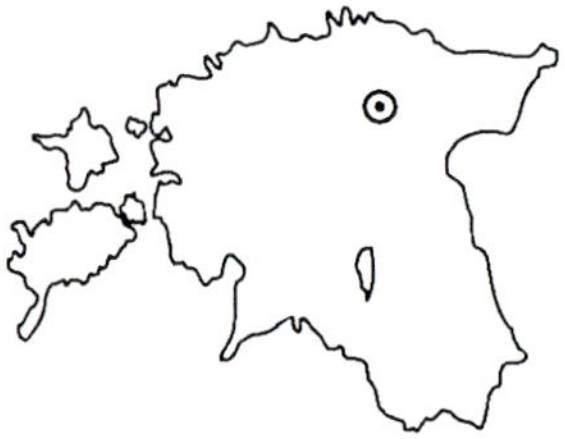

Suure-Jaani

Die Orgel in dieser Kirche stammt von den Gebrüdern Kriisa aus dem Jahre 1937. Dabei wurde der Prospekt der Orgel Johann Andreas Steins aus dem Jahre 1804 beibehalten, was interessant ist im Hinblick auf das künstlerische Dekor. Die Kriisas benutzten einige von den Registerpfeifen, die von J.A.Stein angefertigt worden waren. Mit den Orgeln von J.A.Stein und der Gebrüder Kriisa in der Gross St. Johanniskirche ist die Dynastie der Musikerfamilie Kapp eng verbunden.

Die Suure-Jaani Kirche im Kreis Viljandi wurde als dreischiffige Hallenkirche in der ersten Hälfte des 14. Jahrhunderts gebaut. Der Turm mit dem gotischen Portal, dem Rosenfenster und die an Schießscharte erinnerden Fenstern sind auffällig. Die Einrichtung wurde im 19. Jahrhundert erneuert.

kiriku orel on vendade Kriisade töö aastast 1937. Sealjuures säilitati Johann Andreas Steini oreli prospekt (1804), mis on tähelepanuväärne kunstipärase dekoori poolest. Kriisad kasutasid ära mõne J.A.Steini valmistatud registri vilesid. J.A.Steini ja vendade Kriisade orelitega Suure-Jaanis on tihedalt seotud muusikameeste Kappide dünastia.

Suure-Jaani kirik Viljandimaal ehitati kolmelöövilise kodakirikuna XIV sajandi esimesel poolel. Gooti portaali, roosakna ja laskepilusid meenutavate akendega torn on algne. Sisustus uuendati XIX sajandil.

The organ in this church was built by the Kriisa brothers in 1937. Thereby, the frontispiece of the organ of Johann Andreas Stein was maintained (1804), which is interesting for its artistic decor. The Kriisas used some of the stop pipes that had been made by J.A.Stein. The dynasty of the Kapp family's musicians is closely related to the organs of J.A.Stein and the Kriisa brothers.

The Suure-Jaani Church in the District of Viljandi was built in the first half of the 14th century as a three nave hall church. The tower with its Gothic style portal, the rose paintings on the windows and with windows that remind the on-looker of shooting slots, is original. The furnishing was renewed in the 19th century.

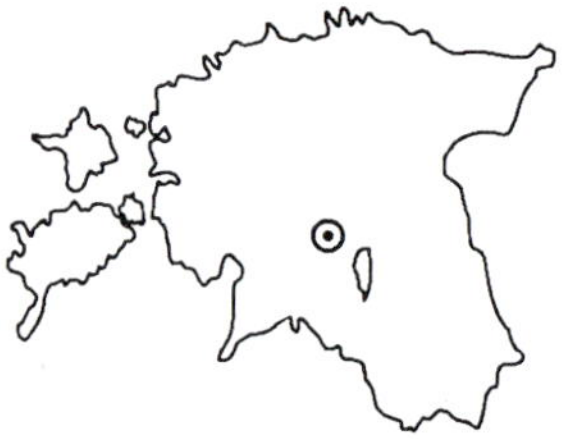

Urvaste

Diese Kirche erhielt 1938 eine neue Orgel. Sie wurde gebaut von den Brüdern Jakob, Joosep und Tannil Kriisa sowie von den drei Söhnen des letzteren, Harry, Rudolf und Eduard.
Die Kirche von Urvaste ist vom Bautyp her die einzige basilikaförmige Landkirche Estlands. Am Anfang war sie ohne Turm und mit einem kurzen Langhaus. Im Nordischen Krieg verlor die Kirche ihre Gewölbe. Ihre jetzige Grösse und die neugotische Inneneinrichtung erhielt die Kirche 1889.

kirik Võru maakonnas sai uue oreli 1938. a. Selle ehitasid vennad Jakob, Joosep ja Tannil Kriisa ning viimase kolm poega Harry, Rudolf ja Eduard.
Urvaste kirik on ainuke ehitustüübilt basilikaalne maakirik Eestis. Algselt oli ta tornita ja lühikese pikihoonega. Põhjasõjas kaotas kirik võlvid. Praeguse suuruse ja uusgooti sisekujunduse sai kirik 1889. a.

This church received its new organ in 1938. It was built by the brothers Jakob, Joosep and Tannil Kriisa as well as by the three sons of the latter one, Harry, Rudolf and Eduard.
The Church of Urvaste is the only country church in Estonia that was built in a basilica type building style. Originally it was without a tower and had a short nave. During the Great Northern War it lost its vaults. The church acquired its present size and the neo-gothic inner design in 1889.

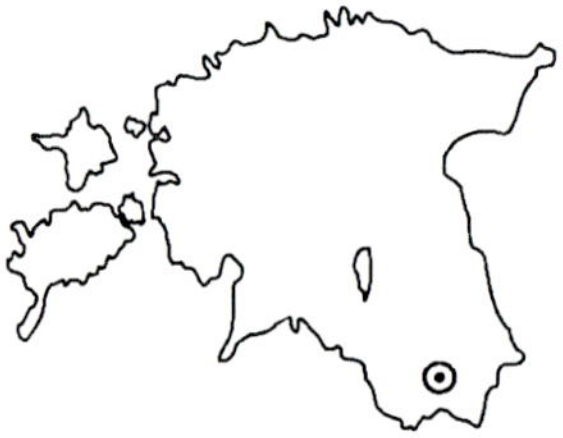

Valga Jaani

In dieser Kirche befindet sich die einzige in Estland vollständig erhaltene Orgel des berühmten deutschen Orgelbauers Friedrich Ladegast (1867). Sie hat einen farbigen Klang und eignet sich besonders für den Vortrag von frühromantischer Musik.

Die Stadtkirche von Valga verdankt ihre Existenz der Tatsache, daß Valga 1783 zur Kreisstadt erklärt wurde. Nach einem Projekt des Rigaer Architekten Christoph Haberlandt wurde die St. Johanniskirche mit ihrer ovalen Grundform 1787-89 gebaut; der Turm wurde 1816 hinzugefügt. Das Gebäude ist gemäß seiner Entstehungszeit im klassizistischen Stil gebaut.

kirikus on kuulsa saksa oreliehitaja Friedrich Ladegasti ainus Eestis täielikult säilinud orel (1867). See on värvika kõlaga ja sobib eriti vararomantilise muusika ettekandmiseks.

Valga linnakirik võlgneb oma olemasolu asjaolule, et 1783. a. kuulutati Valga maakonnalinnaks. Riia arhitekti Christoph Haberlandti projekti järgi ehitati ovaalse põhiplaaniga Jaani kirik aastail 1787-89; torn lisati 1816. a. Hoone on ajastukohases klassitsistlikus stiilis.

The organ in this church is the only one, made by the well-known German organ-builder Friedrich Ladegast, that has been preserved entirely (1867). It has a colourful sound and serves especially well for the presentation of early romantic music.

The Town Church of Valga owes its existence to the fact that in 1783 it turned into the capital of the district. Following a project of Christoph Haberlandt, an architect from Riga, the church with its oval ground design was built in 1787–89; the tower was added in 1816. The building appears in the classicistic style of its time.

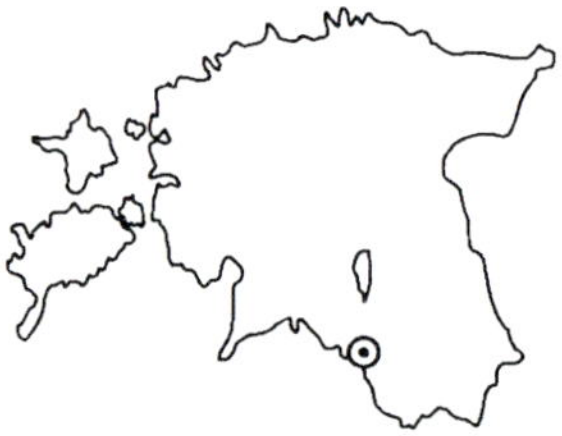

Vigala

Die Orgel dieser Kirche baute der von Deutschland nach Tartu übergesiedelte Orgelbauer Wilhelm Müllverstedt (1886). Ursprünglich wurde das Instrument für die St. Peterskirche in Tartu gebaut, bevor es 1888 nach Vigala gebracht wurde. Die Besonderheit dieser Orgel liegt in dem vom zweiten Manual zu spielenden Harmonium. Die Kirche von Vigala im Kreis Rapla wurde im 13. Jahrhundert als einschiffige Saalkirche begründet.

Die Einrichtung der Kirche ist von grossem Wert. Der Altar von Vigala gehört zu den schönsten Barockaltaren Estlands. Sowohl der Altar als auch die Kanzel sind in Tallinn in der Werkstatt des seinerzeit bekanntesten Bildhauers und Tischlers, Christian Ackermann, gefertigt worden.

oreli valmistas Saksamaalt Tartusse asunud oreliehitaja Wilhelm Müllverstedt (1886). Algselt ehitati pill Tartu Peetri kirikule, kuid toodi 1888. a. Vigalasse. Instrumendi eripäraks on II manuaalilt mängitav harmoonium.

Vigala kirik Rapla maakonnas on rajatud XIII sajandil ühelöövilise saalkirikuna.

Kirikus on väärtuslikku sisustust. Vigala altar kuulub kaunimate barokkaltarite hulka Eestis. Nii altar kui kantsel on valmistatud Tallinnas, omaaegse nimekaima kujuri ning tisleri, Christian Ackermanni töökojas.

The organ of this church was made by the organ builder Wilhelm Müllverstedt (1886), who has moved from Germany to Tartu. Originally the instrument was built for the St. Peter's Church of Tartu; however in 1888 it was brought to Vigala. The peculiarity of the instrument is its harmonium, which is to be played from the second manual.

The Church of Vigala in the district of Rapla was founded in the 13th century as a one nave hall church.

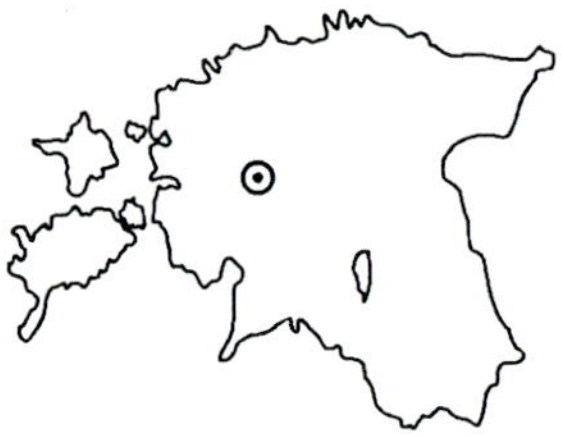

There are valuable furnishings inside the church. The altar in the Church of Vigala is one of the most beautiful ones in Estonia. Both, the altar and the pulpit were made in Tallinn, in the workshop of Christian Ackermann, the best known sculptor and carpenter of his time.

Der Kirchturm dient gleichzeitig als Denkmal für den Unabhängigkeitskrieg. ❑ Altar. Werkstatt von Chr. Ackermann, 1670.

Kiriku torn on ühtlasi Vabadussõja monumendiks. ❑ Altar. Chr. Ackermanni töökoda. 1670.

The tower of the church also serves as a monument for the War of Independence. ❑ Altar. Workshop of Chr. Ackermann. 1670.

Viljandi Pauluse

Die Orgel dieser Kirche stammt von Guido Knauff (von Coburg-Gotha) aus dem Jahr 1866. Eduard und Hardo Kriisa restaurierten sie 1966. Sie ist die größte Orgel mit mechanischer Traktur in Estland.
Die St. Paulskirche in Viljandi gehört zur Schule der neugotischen Backsteinarchitektur Livlands. Diese Richtung entwickelte sich unter den Architekten, die ihre Ausbildung am Rigaer Polytechnischen Institut erhalten hatten. Ein Teil der Architekten mit Rigaer Schulung fand ihre Aufgabe im nördlichen Teil Livlands, im estnischen Volksgebiet.
Das Gebäude wurde 1885 fertiggestellt.

kiriku orel on Guido Knauffi (Coburg-Gotha) töö 1866. a. Eduard ja Hardo Kriisa restaureerisid oreli 1966. a. See on suurim mehaanilise traktuuriga orel Eestis.
Viljandi Pauluse kirik kuulub uusgooti telliskiviarhitektuuri Liivimaa koolkonda. Selline suundumus kujunes Riia Polütehnilises Instituudis hariduse saanud arhitektkonnas. Osa Riia koolitusega arhitekte leidis endale rakenduse Liivimaa põhjaosas, eesti rahvusalal.
Hoone valmis 1885. a.

The organ in this church was made by Guido Knauff of Coburg-Gotha in 1866. Eduard and Hardo Kriisa restored the organ in 1966. It is the largest organ in Estonia that has an mechanical action.
The St. Paul's Church of Viljandi belongs to the Livonian School of neo-gothic brick architecture. This kind of direction developed among the architects who had received their education at the Polytechnical Institute of Riga. Some of the architects of Riga found their field of application in the Northern part of Livonia which is populated by Estonians. The building was finished in 1885.

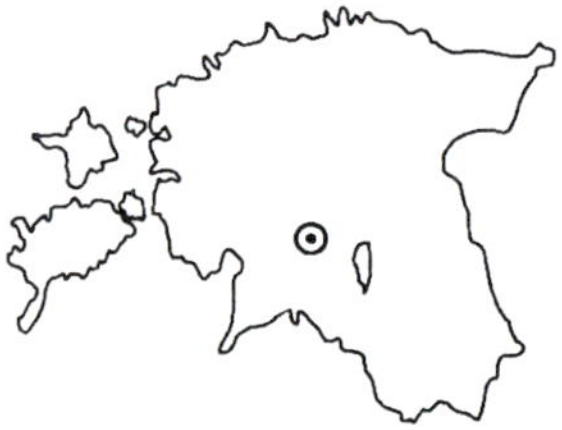

Võnnu

Die Orgel in dieser Kirche wurde 1892 gebaut. Das Gebläse, die Windladen und viele Pfeifen stammen von der Sauer'schen Orgel in der St. Johanniskirche von Tartu. Die Orgel wurde 1910–04 repariert und neu intoniert. Die letzte Restaurierung führte Hardo Kriisa 1970 durch.

Die Kirche von Võnnu im Kreis Tartu wurde 1236 begründet. Im Zuge von späteren Umbauarbeiten wurde das Gebäude vergrössert: Der Turm wurde 1787 gebaut, die Seitenflügel entstanden 1871. Die Einrichtung ist historisch.

kiriku orel on ehitatud 1892. a. Lõõtsad, tuulepõhjad ja paljud viled pärinevad Tartu Jaani kiriku Saueri orelist. Orelit parandati ja intoneeriti uuesti 1901–04. Viimast restaureerimist toimetas Hardo Kriisa 1970. a.

Võnnu kirik Tartu maakonnas rajati 1236. a. Hilisemate ümberehituste käigus on hoonet suurendatud: torn ehitati 1787, külgehitised püstitati 1871. Sisustus on valdavalt historitsistlik.

The organ of this church was built in 1892. The wind reservoir, the wind–chests and many of the organ pipes originated from Sauer's organ in the St. John's Church of Tartu. The organ was restored and the intonation renewed in 1901–04. The last restauration was conducted by Hardo Kriisa in 1970.

The Church of Võnnu in the district of Tartu was founded in 1236. In the process of later restorations the building was expanded: the tower was built in 1787, the side buildings were set up in 1871. The furnishing is mostly historicistical.

Die Kirche erhielt ihr barockes Erscheinungsbild beim Wiederaufbau nach dem Nordischen Krieg. ❑ Im neugotischen Altar (1884) sieht man das Altargemälde des baltendeutschen Künstlers Otto von Moeller (1874).

Kirik sai barokse välisilme taastamisel pärast Põhjasõda. ❑ Uusgooti altaris (1884) on baltisaksa kunstniku Otto von Moelleri altarimaal (1874).

The church acquired its baroque style outer appearance in the process of restoration after the Great Northern War. ❑ In the neo–gothic style altar there is an altar painting by the Baltic German artist Otto von Moeller (1874).

Koduorelid

Positivorgel des südestnischen Orgelbaumeisters Johann Karl Thal. Gefertigt in Antsla. Sie befindet sich im Theater- und Musikmuseum in Tallinn.

Lõuna-Eesti meister Johann Karl Thal. Positiiv. Valmistatud Antslas. Paikneb Teatri- ja Muusikamuuseumis Tallinnas

The Southern Estonian organ-builder Johann Karl Thal. Positive Organ. Made in Antsla. Now in the Theatre and Music Museum of Tallinn

Positivorgel (1887) von Meister Jüri Gildemann aus Vigala. Sie befindet sich in der Sakristei der Kirche von Vigala

Vigala meister Jüri Gildemann: Positiivorel 1887. Paikneb Vigala kiriku käärkambris.

The Vigala master Jüri Gildemann: Positive Organ 1887. Now in the Sacristy of the Vigala Church

Heimorgel (1900) des Tallinner Meisters J. Saarmann. Sie befindet sich im Tallinner Theater- und Musikmuseum

Tallinna meister J. Saarmann. Koduorel. 1900. Paikneb Teatri- ja Muusikamuuseumis Tallinnas.

Tallinn organ-builder J. Saarmann. Small Organ. 1900. Now in the Museum of Theatre and Music in Tallinn.

Heimorgel von Läänemaa. Ende des 19. Jahrhunderts. Von einem unbekannten Meister. Im Besitz der Familie Uibo in Kivi-Vigala.

Tundmatu meister. Kodupositiiv Läänemaalt. XIX sajandi lõpp. Perekond Uibo valduses Kivi-Vigalas.

Unknown Master. Small Positive Organ from Läänemaa. End of the 19th century. In the possession of the Uibo family in Kivi-Vigala.

August Terkmann, Tallinn, 1914.

I Manual C–c⁴

1. Principal 16'
2. Bordun 16'
3. Principal 8'
4. Doppelgedackt 8'
5. Wienerflöte 8'
6. Viola di Gamba 8'
7. Gemshorn 8'
8. Octave 4'
9. Flauto traverso 4'
10. Gedackt 4'
11. Quinte 2 2/3'
12. Octave 2'
13. Cornett–Mixtur 4 fach
14. Scharff 3 fach
15. Trompete 8'

II Manual II C–c⁴

Gedackt 16' Tr.III
Salicional 16'
Principal 8'
Geigenprincipal 8' Tr.III
Konzertflöte 8'
Flauto amabile 8' Tr.III
Gedackt 8' Tr.III
Quintatön 8'
Viola d'amour 8'
Violine 8' Tr.III
Salicional 8' Tr.III
Geigenprincipal 4'
Fugara 4' Tr.III
Flauto dolce 4' Tr.III
Octave 2'
Waldflöte 2' Tr.III
Sesquialtera 2fach Tr.III
Mixtur 3 fach
Clarinette 8'

III Manual C–c⁴

Lieblich Gedackt 16'
Geigenprincipal 8'
Gedackt 8'
Flauto amabile 8'
Echo–Gamba 8'
Salicional 8'
Vox celestis 8'
Fugara 4'
Flauto dolce 4'
Waldflöte 2'
Sesquialtera 2 fach
Oboe 8'

Pedal C–f¹

Principal 32' C–H weiter Tr. Nr.1
Principal 16' C–H weiter Tr. Nr.3
Violonbass 16' C–H weiter Tr. Nr.6
Subbass 16' C–H weiter Tr. Nr.4
Salicetbass 16' Tr.II
Gedacktbass 16' Tr.III
Octavbass 8' C–H weiter Tr. Nr.8
Cello 8' Tr.II Viola d'amour
Flauto 8' Tr.III
Salicional 8' Tr.III
Principal 4' C–H weiter Tr. Nr.12
Posaune 16' C–H weiter Tr. Nr.15
Fagott 8' Tr.III Oboe 8'

4 freie Kombinationen
6 Normalkoppeln
Superkoppel II–I
Superkoppel III–II
Subkoppel II–I
Subkoppel III–II
Octavkoppeln ab
Mixturen ab

Zungen ab
Registercrescendo an
Piano
Mezzoforte
Forte
Fortissimo
Tutti
- als Knöpfe und Tritte

E.F.Walcker, Ludwigsburg, 1923

I Manual C–g^3
Principal 16'
Bourdon 16'
Viola 16'
Principal Maior 8'
Hornprincipal 8'
Doppelflöte 8'
Quintatön 8'
Bourdon 8'
Fernhorn 8'
Gemshorn 8'
Viola di Gamba 8'
Dolce 8'
Quinte 5 1/3'
Octave 4'
Gamba 4'
Gemshorn 4'
Rohrflöte 4'
Quinte 2 2/3'
Octave 2'
Bauernflöte 2'
Cornett 3–4 fach
Mixtur 4–5 fach
Scharff 3 fach
Fagott 16'
Trompete 8'
Clairon 4'

Super I
Sub II–I

II Manual C–g^3
Geigenprincipal 16'
Quintatön 16'
Principal Minor 8'
Flauto amabile 8'
Rohrflöte 8'
Nachthorn 8'
Gedackt 8'
Fugara 8'
Harmonica 8'
Salicional 8'
Unda maris 8'
Viola 4'
Salicet 4'
Traversflöte 4'
Piccolo 2'
Rauschquinte 2 2/3'
Mixtur 3 fach
Trompette harm. 8'
Clarinette 8'
Chor anglais 4'

Super II
Super III–II
Sub III–II

III Manual C–g^3
Lieblich Gedackt 16'
Flötenprincipal 8'
Konzertflöte 8'
Quintatön 8'
Lieblich Gedackt 8'
Aeoline 8'
Vox celeste 8'
Fugara 4'
Flauto dolce 4'
Flautino 2'
Sesquialtera 2 2/3'
Cornettmixtur 3–5 fach
Cymbel 3 fach
Basson 16'
Oboe 8'
Horn 8'
Schalmei 8'
Vox humana 8'
Clairon 4'
Tremolo

Pedal C–f^1
Grand Bourdon 32'
Principalbass 16'
Violonbass 16'
Subbass 16'
Harmonicabass 16'
Gedacktbass 16' Tr.III
Quintbass 10 2/3'
Octavbass 8'
Viola 8'
Violincello 8'
Zartbass 8'
Gedacktflöte 8'
Octave 4'
Cornettbass 8'
Bombardon 32'
Posaunenbass 16'
Basson 16' Tr.III
Trompete 8'
Clairon 4 Tr.III

P.Ped II/III
Schweller II, III Manual
Walze

TALLINNA NIGULISTE 21

Christoph Meinecke, Lübeck, 1668 (hävinud/nicht erhalten)

I Manual HW
Principal 16'
Quinta Thon 16'
Octava 8'
Rohrflöte 8' (4')?
Super–Octave 4'
Rauschpfeife 2'
Mixtur 4–5fach
Trompet 16'
Trompet 8'
Tremolo/Koppel

II Manual RP
Principal 8'
Gedackt 8'
Octava 4'
Tertian 2fach
Scharf 3 fach
Krummhorn 8'
Dulcian 8'

III Manual BW
Quinta Thon 8'
Gedackt 4'
Octave 2'
Sesquialtera 2fach
Regal 8'

Pedal
Untersatz 16'
Octava 8'
Gedackt 8'
Gedackt 4'
Posaune 16'
Fagott 16'
Trompet 8'
Cornett 4'

Rieger–Kloss, 1981

Pedal C–f^1
Principal 16'
Subbass 16'
Bordun 16'
Quinte 10 2/3'
Octave 8'
Bassflöte 8'
Choralbass 4'
Holzflöte 4'
Nachthorn 2'
Rauschbass 3fach
Mixtur 5fach
Bombarde 16'
Trompete 8'
Clairon 4'

I/Pedal
II/Pedal
III/Pedal
IV/Pedal

I Manual C–a^3
Principal 16'
Principal 8'
Rohrflöte 8'
Gemshorn 8'
Octave 4'
Hohlflöte 4'
Quinte 2 2/3'
Superoctav 2'
Mixtur 5fach
Scharff 4fach
Trompete 16'
Trompete 8'

II/I
III/I
IV/I

II Manual C–a^3
Principal 16'
Gedackt 8'
Quintatön 8'
Principal 4'
Rohrflöte 4'
Octave 2'
Spitzflöte 2'
Quinte 1 1/3'
Superoctav 1'
Sesquialtera 2 fach
Mixtur 4fach
Dulcianregal 16'
Krummhorn 8'

Tremulant
III/II
IV/II

III Manual C–a^3
Bordun 16'
Holzflöte 8'
Principal 4'
Querflöte 4'
Doublette 2'
Cornett 5fach
Fourniture 5fach
Bassoon 16'
Trompete harm 8'
Clairon harm. 4'

Tremulant
IV/III
Zungen ab
16 Man. 10 2/3 Ped. ab
Mixturen ab
Crescendo ab

IV Manual C–a^3
Koppelflöte 8'
Gamba 8'
Schwebung 8'
Principal 4'
Blockflöte 4'
Nazard 2 2/3'
Waldflöte 2'
Terz 1 3/5'
Sifflöte 1'
Quintan 2fach
Cimbel 3fach
Hautbois 8'
Vox Humana 8'
Regal 4'

Tremulant
Handregister ein

August Terkmann, Tallinn, 1929.

I Manual C–c⁴

Flötenprincipal 16'
Dolce 8'
Gemshorn 8'
Viola di Gamba 8'
Flauto harm. 8'
Quintatön 8'
Hohlflöte 8'
Doppelflöte 8'
Principal 8'
Wienerflöte 4'
Rohrflöte 4'
Octave 4'
Waldflöte 2'
Octave 2'
Cornett 5fach (g^0)
Mixtur 3fach
Mixtur 4fach
Fagott 16'
Trompete 8'

Walze
Schweller II, III, IV
Fr. Comb. I, II
Alle Normalkoppeln
Tremolo II, III, IV

II Manual C–c^4

Quintatön 16'
Bordun 16'
Horn 8'
Undà maris 8'
Fugara 8'
Salicional 8'
Konzertflöte 8'
Rohrflöte 8'
Flötenprincipal 8'
Salicet 4'
Fl. pastorale 4'
Gedacktflöte 4'
Principal 4'
Quint 2 2/3'
Flagolet 2'
Octave 2'
Sesquialtera 2fach
Scharff 5fach
Clarinette 8'

III Manual C–c^4

Lieblich Gedackt 16'
Vox celestis 8'
Aeoline 8'
Viola d'amour 8'
Fernflöte 8'
Flauto amabile 8'
Gedackt 8'
Geigenprincipal 8'
Silwestrino 4'
Flauto d'amour 4'
Geigenprincipal 4'
Quint 2 2/3'
Fl. Piccolo 2'
Terzflöte 1 1/3'
Harmonia aetheria 3fach
Vox humana 8'
Oboe 8'

IV Manual C–c^4
/ altar organ /

Gedackt 8'
Principal 4'
Spitzflöte 4'
Superoctav 2'
Scharff 4fach

Pedal C–f^1

Kontrabass 16'
Echobass 16'
Subbass 16'
Principalbass 16'
Quintbass 10 2/3'
Cello 8'
Flauto 8'
Octave 8'
Octave 4'
Mixtur 4fach
Posaune 16'

Zungen ab, Mixtur ab
P.Pedal
Aut.Pedal
Sub Koppel III, II, III–II
Super Koppel III, II, III–II
Super I–Pedal

TALLINNA TOOMKIRIK 25

W. Sauer , Frankfurt/Oder, Op. 1171 (1913)

I Manual C–a^3
Principal 16'
Bordun 16'
Principal 8'
Gamba 8'
Doppelflöte 8'
Flauto amabile 8'
Quintatön 8'
Gemshorn 8'
Gedackt 8'
Dolce 8'
Nasard 5 1/3'
Rohrflöte 4'
Gemshorn 4'
Octave 4'
Waldflöte 2'
Mixtur 3 fach
Cornett 3 fach
Trompete 8'

II Manual C–a^3
Gedackt 16'
Salicional 16'
Dulciana 8'
Rohrflöte 8'
Salicional 8'
Koncertflöte 8'
Viola 8'
Flauto traverso 8'
Principal 8'
Dolce 4'
Flauto amabile 4'
Principal 4'
Nasard 2 2/3'
Piccolo 2'
Progress 2–3 fach
Cymbel 3–4 fach
Klarinette 8'

Manualk. III–I
Manualk. III–II
Manualk. II–I

III Manual C–a^3
Gedackt 16'
Gamba 16'
Voix celeste 8'
Aeoline 8'
Gemshorn 8'
Gedackt 8'
Viola d'amour 8'
Quintatön 8'
Flauto amabile 8'
Portunalflöte 8'
Schalmei 8'
Geigenprincipal 8'
Flauto dolce 4'
Salicet 4'
Fugara 4'
Flautino 2'
Harmonia aetheria 3 fach
Aeolodian 8'
Oboe 8'
Trompete 8'

Pedal C–f^1
Untersatz 32'
Lieblich Gedackt 16'
Gemshorn 16'
Subbass 16'
Quintatön 16'
Violon 16'
Principal 16'
Quinte 10 2/3'
Dulciana 8'
Gemshorn 8'
Bassflöte 8'
Cello 8'
Principal 8'
Flauto 4'
Principal 4'
Posaune 16'
Trompete 8'
Clairon 4'

Pedalk. I–P
Pedalk. II–P
Pedalk. III–P

Subocktkoppel II–I
Superoktkoppel II–I
Handreg. ab
Fr. Comb. I
Fr. Comb. II
Fr. Comb. III
Rohrwerk ab
Piano
Mezzoforte
Forte
Piano Pedal
Mezzoforte Pedal
Forte Pedal
Generalkoppel
Pedalkoppel ab
Walze ab
Schweller III Manual

TALLINN NÕMME-RAHU 27

Ernst Kessler, Tartu, 1844, wiederhergestellt und mit 90% neuen Pfeifen versehen von Hardo Kriisa, Rakvere, 1992.

Manual C–f^3
Bordun 16'
Principal 8'
Gedackt 8'
Viola di Gamba 8'
Octave 4'
Spitzflöte 4'
Quinte 2 2/3'
Octave 2'
Terze 1 3/5'
Mixtur 4 fach

Pedal C–c^1
Pedal angehängt

HARJU-MADISE 29

Gustav Normann, Tallinn, 1859, renov. Hardo Kriisa, Rakvere, 1987.

Manual C–d³	**Pedal C–c¹**
Principal 8'	Subbass 16'
Octave 8'	Principal 8'
Gedackt 8'	
Prestant 4'	
Flauto dolce 4'	

JÄRVA-MADISE 31

Gustav Terkmann, Tallinn, 1902.

I Manual C–f³	**II Manual C–f³**	**Pedal C–d¹**
Portun 16'	Gamba 8'	Subbass 16'
Principal 8'	Lieblich Gedackt 8'	Principal 8'
Gedackt 8'	Flöte 4'	
Flöte (Holz) 8'		
Principal 4'	Koppel II–I	
Echo (Flöte) 4'	Koppel I–P	
Quinte 3'		
Mixtur 3 fach		

KIHELKONNA 33

I Manual und Pedal Joh. Andreas Stein, Pärnu, 1805.
II Manual A. Weissenborn, Jekabpils (Jacobstadt), 1890.

I Manual C–f³	**II Manual C–f³**	**Pedal C–c¹**
Bourdon 16'	Geigenprincipal 8'	Subbass 16'
Principal 8'	Hohlflöte 8'	Principalbass 8'
Gedackt 8'	Piano 8'	Octave 4'
Gamba 8'	Geigenprincipal 4'	Posaune 8'
Flöte 4'		
Quint 2 2/3'	Manualkoppel	Pedalkoppel (I)
Octave 2'	II Manual im Schwellkasten	
Mixtur 2–3 fach		
Trompete 8'		

KOLGA-JAANI 35

Guido Knauff, Koburg–Gotha,1884 .

I Manual C–f^3

Bordun 16'
Principal 8'
Gedackt 8'
Octave 4'
Quinte 3'
Octave 2'
Mixtur 3fach

II Manual C–f^3

Lieblich Gedackt 8'
Flauto traverso 8'
Salicional 8'
Principal 4'
Flauto dolce 4'

Pedal C–d^1

Subbass 16'
Gedacktbass 8'
Violoncello 8'

Ped–I
II–I

KULLAMAA 37

Carl Tanton, Nissi, 1854.

Manual C–f^3

Bordun 16'
Principal 8'
Viola di Gamba 8'
Gedackt 8'
Octave 4'
Spitz–Flöte 4'
Quinte 2 2/3'
Super–Octave 2'
Mixtur 3 fach

Pedal C–d^1

Violon 16'
Sub–Bass 16'
Octave 8'

Pedalkoppel

NÕO 39

E.F.Walcker Op. 892, Ludwigsburg, 1890.

I Manual C–f^3

Bordun 16'
Principal 8'
Flöte 8'
Bourdon 8'
Octave 4'
Octave 2'
Mixtur 2 2/3' 4 fach

II Manual C–f^3

Geigenprincipal 8'
Lieblich Gedackt 8'
Salicional 8'
Aeoline 8'
Flauto dolce 4'

Koppel II–I
Tutti
Forte

Pedal C–d^1

Subbass 16'
Octavbass 8'
Violoncello 8'
Posaune 8'

Koppel I–P

OTEPÄÄ 41

Ernst Kessler, Tartu, 1853 .

Manual C–f³
Bordun 16'
Principal 8'
Hohlflöte 8'
Gedackt 8'
Gamba 8'
Octave 4'
Flauto 4'
Quint 2 2/3'
Octave 2'
Sperrventil

Pedal C–d¹
Subbass 16'
Principal 8'
Posaune 16'

Sperrventil
Vocator
Koppel

PÄRNU ELISABETHI 43

Herbert Kolbe, Riga, 1929.

I Manual C–g³
Principal 16'
Principal 8'
Geigenprincipal 8'
Bordun 8'
Gemshorn 8'
Octave 4'
Nachthorn 4'
Octave 2'
Mixtur 4 fach
Cornett 1–6 fach
Trompete 8'

Sub III
Super III
Alle Normalkoppeln
Schweller
Walze

II Manual C–g³
Bordun 16'
Hornprincipal 8'
Rohrflöte 8'
Konzertflöte 8'
Salicional 8'
Octave 4'
Flauto dolce 4'
Waldflöte 2'
Mixture 3–4 fach
Dulcian 8'

III Manual C–g³
Stillgedackt 16'
Gamba 8'
Tibia 8'
Echobordun 8'
Harmonika 8'
Vox celestis 8'
Principal 4'
Salicet 4'
Fernflöte 4'
Nazard 2 2/3'
Flageolet 2'
Flautino 2'
Terz 1 3/5'
Superquint 1 1/3'
Septime 1 1/7'
Sifflöte 1'
Fagott–Oboe 8'

Pedal C–f¹
Kontrabass 16'
Subbass 16'
Gemshorn 16'
Stillgedackt 16' Tr. III
Quinte 10 2/3'
Cello 8'
Flauto 8'
Gedacktflöte 8'
Choralbass 4'
Mixtur 5 1/3 3 fach
Posaune 16'
Trompete 8' Tr. I

PAIDE 45

Gebrüder Kriisa, Haanja, 1933 .

I Manual C–a³	**II Manual C–a³**	**Pedal C–f¹**
Bourdon 16'	Hohlflöte 8'	Violonbass 16'
Principal 8'	Gemshorn 8'	Subbass 16'
Gedackt 8'	Viola di Gamba 8'	Principalbass 8'
Salicional 8'	Voix celeste 8'	Posaune 16' *
Octave 4'	Principal 4'	
Spitzflöte 4'	Rohrflöte 4'	Koppel I–P
Mixtur 3–4 fach	Cornett 3–5fach	Koppel II–P
Trompete 8' *	Oboe 8' *	Sub I–P
Koppel II–I	Tremolo	
Sub II–I	Sub II	
Super II–I	Super II	
Super I		

* Jäid rahapuudusel ehitamata

* Aus Geldmangel nicht eingebaut

PILISTVERE 47

Wilhelm Sauer, Frankfurt/Oder, 1895 .

I Manual C–f³	**II Manual C–f³**	**Pedal C–d¹**
Bordun 16'	Geigenprincipal 8'	Violon 16'
Principal 8'	Gedackt 8'	Subbass 16'
Gamba 8'	Salicional 8'	Octavbass 8'
Flûte harmonique 8'	Traversflöte 8'	Posaune 16'
Gemshorn 8'	Fugara 4'	
Octave 4'	Flauto dolce 4'	I–Ped
Rohrflöte 4'	Rauschquinte 2fach	II–I
Cornett 4fach		
Mixtur 3–4fach		

PÕLTSAMAA 49

Wilhelm Sauer, Frankfurt/Oder, 1900 .

I Manual C–f^3
Bordun 16'
Principal 8'
Gamba 8'
Flöte 8'
Rohrflöte 8'
Gemshorn 8'
Octave 4'
Flauto dolce 4'
Quintflöte 2 2/3'
Zartflöte 2'
Cornett 3–5fach
Trompete 8'

II Manual C–f^3
(paisukapis/im Schweller)
Lieblich Gedackt 16'
Geigenprincipal 8'
Soloflöte 8'
Lieblich Gedackt 8'
Salicional 8'
Vox celestis 8'
Gemshorn 4'
Traversflöte 4'
Waldflöte 2'
Harmonia aetheria 2–3fach

Pedal C–d^1
Principal 16'
Violon 16'
Subbass 16'
Octavbass 8'
Cello 8'
Posaune 16'

Alle Normalkoppeln

SIMUNA 51

Gustav Normann ,Tallinn, 1886.

I Manual C–f^3
Bourdon 16'
Principal 8'
Gedackt 8'
Gamba 8'
Gemshorn 8'
Octave 4'
Flauto 4'
Quinte 2 2/3'
Octave 2'
Mixtur 3 fach
Trompete 8'

II Manual C–f^3
Gedackt 8'
Gamba 8'
Flauto traverso 8'
Flauto dolce 4'

Pedal C–c^1
Violon 16'
Subbass 16'
Principal 8'
Bassflöte 8'
Posaune 16'

Koppel II–I
I Man.–Pedal

SUURE-JAANI 53

Gebrüder Kriisa, Haanja, 1937 .

I Manual C–a^3
Principal 8'
Viola di Gamba 8'
Doppelflöte 8'
Gemshorn 8'
Salicional 8'
Octave 4'
Flauto dolce 4'
Cornett 8' 3–5fach
Mixtur 3–4fach

II–I
Super II–I
Super I
Sub II–I

II Manual C–a^3
(paisukapis – im Schweller)
Bordun 16'
Principal 8'
Gedackt 8'
Viola d'amour 8'
Voix celestes 8'
Flauto 4'
Quintflöte 2 2/3'
Flautino 2'
Terzflöte 1 3/5'
Cymbel 4fach
Trompete 8'

Super II
Sub II
Tremolo II

Pedal C–f^1
Kontrabass 16'
Subbass 16'
Gedacktbass 16' Tr. III
Octavbass 8'
Violon 8'
Posaune 16'

I–Ped
II–Ped
Super II–Ped

URVASTE 55

Gebrüder Kriisa, Haanja, 1938.

I Manual C–a^3
Principal 8'
Doppelflöte 8'
Viola di Gamba 8'
Gemshorn 8'
Salicional 8'
Octave 4'
Flauto 4'
Cornett 3–5 fach
Mixtur 3–4 fach

II–I
Super II–I
Sub II–I
1 freie Kombination
Einsteller der Pedalregister
für Pedal–Automat

II Manual C–a^3
(Schwellwerk)
Bordun 16'
Principal 8'
Gedackt 8'
Viola d'amour 8'
Voix celestes 8'
Flauto 4'
Quintflöte 2 2/3'
Flautino 2'
Terzflöte 1 3/5'
Cymbel 4 fach
Trompete 8'

Tremolo
Super II
Sub II
Tutti II

Pedal C–f^1
Kontrabass 16'
Subbass 16'
Gedacktbass 16' Tr. II
Octavbass 8'
Violon 8'
Posaune 16'

I–P
II–P
Super II–P
Crescendo an, Pedal–Automat,
Einzelausschalter der Koppeln
aus Walze

Zungen ab, Generaltutti (mit
Octavkoppeln),
Tutti, Forte, Mezzoforte

VALGA 57

Friedrich Ladegast, Weissenfels, 1867.

I Manual C–f^3
Bordun 16'
Principal 8'
Doppelflöte 8'
Flauto traverso 8'
Viola d'amour 8'
Rohrflöte 4'
Salicional 4'
Octave 2'
Cornett 3fach
Mixtur 4fach

II Manual C–f^3
Lieblich Gedackt 8'
Gamba 8'
Bassflöte 8'
Flauto amabile 4'
Principal 4'
Quinte 2 2/3'
Waldflöte 2'

Pedal C–d^1
Subbass 16'
Violon 16'
Cello 8'
Posaune 16'

Man. I–Ped.
Man. II–Ped.
Man. I – Man. II

VIGALA 59

Wilhelm Müllverstedt, Tartu, 1886.

I Manual C–f^3
Bordun 16'
Principal 8'
Gedackt 8'
Gambe 8'
Principal 4'
Flöte 4'
Spitzflöte 4'
Quinte 2 2/3'
Octav 2'
Mixtur 4fach

II Manual C–f^3
Phisharmonika

Pedal C–d^1
Subbass 16'
Principal 8'
Bassflöte 8'

Calcant
Sperrventil Ped.
Pedal Coppel

VILJANDI PAULUSE 61

Guido Knauff, Koburg–Gotha, 1866.

I Manual C–f^3
Bourdon 16'
Principal 8'
Gamba 8'
Hohlflöte 8'
Gedackt 8'
Hohlquinte 6'
Octave 4'
Flauto 4'
Quinte 3'
Octave 2'
Cornett 4fach
Mixtur 4fach
Cymbel 3fach

II Manual C–f^3
Lieblich Gedackt 16'
Geigenprincipal 8'
Lieblich Gedackt 8'
Gemshorn 8'
Flauto traverso 8'
Salicional 8'
Octave 4'
Flauto dolce 4'
Quinte 3'
Octave 2'
Scharff 1 1/2'

Pedal C–d^1
Principalbass 16'
Violonbass 16'
Subbass 16'
Quintbass 12'
Octavbass 8'
Gedacktbass 8'
Posaune 16'

I–Ped
II–I

VÕNNU 63

Anonymus, 1892.

I Manual C-g^3
Bourdon 16'
Principal 8'
Gamba 8'
Gemshorn 8'
Gedackt 8'
Octave 4'
Rohrflöte 4'
Blockflöte 2'
Cornett 3fach
Mixtur 3–5fach
Trompete 8'

II Manual C-g^3
Gedackt 16'
Principal 8'
Salicional 8'
Aeoline 8'
Vox celestis 8'
Gedackt 8'
Octave 4'
Traversflöte 4'
Quinte 2 2/3'
Octave 2'

Pedal C-d^1
Violonbass 16'
Subbass 16'
Gedacktbass 16'
Octavbass 8'
Bassflöte 8'
Octave 4'
Posaune 16'

Kodupositiiv Muusikamuuseumis I. Positivorgel im Musikmuseum I.
Joh. Karl Thal, Antsla, 1795.

Manual F–f^3
Gedackt 8'
Gedackt 4'

Positiivorel Vigala kirikus. Positiv in der Vigala Kirche.
Jüri Gildemann, Vigala, 1887.

Manual C–c^3
Gedakt 8'
Viola 8'
Principal 4'
Octava 2'

Kodupositiiv Muusikamuuseumis II. Positivorgel im Musikmuseum II.
Jakob Saarmann, Tallinn, 1900.

Manual C–f^3
Gedackt 8'
Viola 8'
Principal 4'

Koduorel perekond Uibo valduses Kivi–Vigalas. Die Hausorgel der Familie Uibo in Kivi–Vigala.
XIX sajand (ehitaja teadmata), 19. Jahrhundert (Anonymus).

Manual C–c^3
Koppel 8'
Flöte 8'
Salicional 8'
Principal 4'
Octaw 2'

Pedal C–d^1
Ilma iseseisvate
registriteta.
Ohne selbständige
Register.
Immer gekoppelt.

Nimeregister. Namenregister. Index.

Orgelmusik aus Estland
Eesti muusika orelile
Estonian music for organ

Juhan Aavik (1884 – 1982)
- Drei Orgelwerke (Pastorale op. 133 / Sanctus op. 148,1 / Gebet op. 148,2) *eres 1937*
- Orgelsonate op. 114 *eres 1933*

Edgar Arro (1911 – 1978)
- Fünf Kontraste für Orgel *eres 1912*
- Estnische Volksweisen für Orgel
  - Heft I (1 – 10) *eres 1921*
  - Heft II (11 – 19) *eres 1922*
  - Heft III (20 – 26) *eres 1923*
  - Heft IV (27 – 34) *eres 1924*
  - Heft V (35 – 44) *eres 1925*
  - Heft VI (45 – 56) *eres 1926*

Igor Garshnek (*1958)
- Drei Zustände *eres 1915*

Franz Liszt (1811 – 1886)
- Tasso. Lamento e Trionfo. (Symphonische Dichtung) (Transkription von Peeter Süda) *eres 1931*

Alfred Karindi (1901 – 1969)
- Berceuse (aus der Sonate Nr. 3) *eres 1934*
- Passacaglia d-moll *eres 1935*

Ester Mägi (*1922)
- Dialog. Präludium mit Choral *eres 1928*

Peeter Süda (1883 – 1920)
- Orgelwerke I (Fuge f-moll / Basso Ostinato / Ave Maria-Variationen *eres 1918*
- Orgelwerke II (Scherzino / Gigue à la BACH / Pastorale) *eres 1920*
- Orgelwerke III (Präludium und Fuge g-moll) *eres 1917*
- Ave Maria-Variationen (Einzelausgabe) *eres 1914*

Urmas Sisask (*1960)
- d-Geminor Kastor (Orgel-Symphonie) *eres 1938*
- Uranus. Symphonie für Trompete, Orgel, Schamanentrommel und Didgeridoo *eres 1939*

Rudolf Tobias (1873 – 1918)
- Fuge d-moll *eres 1919*
- Choralvorspiele (zwölf) *eres 1930*

Erkki-Sven Tüür (*1959)
- Spectrum I (1989) *eres 1913*
- Spectrum II (1994) *eres 1932*

Andres Uibo (*1956)
- Drei Choralmeditationen *eres 1929*

eres
ERES EDITION
D-28859 Lilienthal/Bremen
Postfach 12 20

Festliche Barockmusik

Giuseppe Torelli (1651 – 1709)	SONATA a 5
Johann Sebastian Bach	AIR aus der Suite No. 3 D-Dur BWV 1068
Nicolaus Bruhns (1665 – 1697)	Präludium c-moll
Jeremiah Clarke (c. 1674 – 1707)	Suite in D Major
Giambattista Martini (1706 – 1784)	LARGO
Georg Böhm (1661 – 1733)	Präludium und Fuge in C-Dur
Johann Sebastian Bach	„Jesus bleibet meine Freude" Choral aus der Kantate BWV 147
Georg Friedrich Händel (1685 – 1759)	SONATE en Fa Majeur
Tommaso Albinoni (1671 – 1750)	ADAGIO in Sol minore
Henry Prucell (1659 – 1695)	TRUMPET SONATA Nr. 2

Jüri Leiten (Trompete)
Andres Uibo (Orgel)
(Niguliste Kirche, Tallinn)

Gesamtspieldauer 61.39 Eres-CD 04 DDD

Estnische Orgelmusik 1

Arvo Pärt (*1935)	Annum per Annum
Peeter Süda (1883 – 1920)	Präludium und Fuge g-moll Ave Maria-Variationen
Erkki-Sven Tüür (*1959)	Spectrum I (1989)
Edgar Arro (1911 – 1978)	Estnische Volksweisen (19, 25, 31, 41, 54)
Ester Mägi (*1922)	Dialog (Präludium mit Choral)
Igor Garshnek (*1958)	Drei Zustände
Andres Uibo (*1956)	Drei Choralmeditationen
Rudolf Tobias (1873 – 1918)	Fuge d-moll

Andres Uibo
Niguliste Kirche, Tallinn

Gesamspieldauer 72.17 Eres-CD 03 DDD

eres

THE PROMINENT EDITOR OF ESTONIAN MUSIC

Eres Edition · D-28859 Lilienthal/Bremen · P.O.Box 12 20